U0898761

“现代人小丛书”策划人言

20 世纪 60 年代以后，全球资本主义进入消费社会时代，奥威尔在《1984》中预言的“老大哥”的普遍统治并没有出现，但赫胥黎所预言的《美丽新世界》却欣然降临，人们生活在感官刺激的消费景观中，而自己也欢乐地成为这景观的一部分却不自知。

300 年的现代性给人类社会带来巨大进步，许多过去年代不可想象的权利和自由成为人类生活不可或缺的基本内容，但它的问题却也伴随着这些进步同时裸露出来，成为这个时代不可摆脱的困惑。

“现代人小丛书”的作者是一群世界一流的知识分子和专家，他们从各个不同的与日常生活紧密相关的领域或问题出发，向公众提供面对后现代社会诸多问题的基本知识和批判性思考。它不是一套传统的公民读本，它讲述的是即便人们已经有了基本政治权和社会经济权之后，现代社会依旧没有摆脱的工具理性的“铁笼”命运，而生活在其中的人们，当如何面对这些命运。在残缺的人性和不够坚强的道德理性面前，如何坚持对一种好生活的塑造。

这套书是理解今天之现代性的批判性思考，它应该成为今日社会的普遍知识，以帮助每个现代人在今天的充满困惑的生活中保持批判的理性和审慎的乐观，以及，更重要的，保持并回归真正自我的本真。

给碧西娅（Bisia）

我感谢康尼（Connie）和弗兰克·摩尔（Frank Moore）在讨论这项计划时给予的帮助，感谢露丝·阿比（Ruth Abbey）和婉达·泰勒（Wanda Taylor）细致地阅读了我的手稿。我感激尤塞比亚·达·席尔瓦（Eusebia da Silva）在确定本书和本书归属的更大计划时给予的帮助。

目 录

中文版导言

没有幻觉的个人自主性｜刘擎

“成为你自己！”

无论是激励、劝导还是告诫，这句陈腐不堪却又历久弥新的格言总会与你相遇，在人生的某个时刻感召你，或困扰你。它被反复传诵着——在师长的教诲中，在奋斗者的励志故事里，或者是在小说、电影、诗篇与歌曲的点题之处。没有人比尼采说得更具煽动力了:“成为你自己！你现在所做的一切，所想的一切，所追求的一切,都不是你自己。”“你应当成为你所是。”无论如何，这句格言被铭记下来，几乎成为现代人的生命誓词。

但是，“成为你自己”究竟意味着什么？这是在叮嘱我们“不要成为别人”吗？与人雷同的生活是没有意义的吗？或者，这句格言是在呼唤我们特立独行、依照自己独特的想法来生活吗？可是“自己独特的想法”又从何而来呢？我们如何获得自己的独特性呢？……

《现代性的隐忧》以相当大的篇幅来探讨这些问题。作者查尔斯·泰勒在当代西方学术界享有大师的声誉。他是极具历史敏感的哲学家，博学而深邃，兼容了欧陆与英美的学术传统。他的著述丰厚，有些是艰深的专业性论述，有些是来自他较为通俗的演讲。这部著作属于后者，篇幅不大，行文也不晦涩，却对现代生活的一些重大问题表达了独到的见解。泰勒力图阐明，基于个人自主性的现代文化源自一种历史性的深刻转变,人们由此获得了一种崭新的“自我理解”，带来了空前膨胀的个人权利和自由。这是现代性的重要成就，但同时也造成了严峻的处境，突出地体现在现代社会价值标准的混乱、道德规范的失序以及人生意义的迷失。这是所谓“现代性之隐忧”的要害所在。

面对现代个人主义的处境，西方思想界的争论由来已久，也从未停息。泰勒试图在这场“口齿不清”

的混战中另辟蹊径。他通过分析批判两种流行的误解——貌似深刻的文化悲观论与肤浅乐观的放任主义，探讨如何才能恰当地理解和维护个人自主性的理想，致力于从幻觉与误会中拯救这一现代性的伟大成就。

自我理解的现代转变

把握这本书的主题，可以从关键词“authenticity”入手，在汉语中曾有过多种译法：“率真性”“纯正性”“确真性”“可靠性”“确实性”“真实性”，等等。它的形容词“authentic”原本的意思是“确实的”、“纯正的”或“真的”。比如，有人送你一幅古代名人字画，你若怀疑这可能是赝品（仿制品），大概会去找专家做鉴定。如果鉴定的结果是“真迹”，那我们就可以说这字画是“authentic”。在西方哲学中，“本真性”有更为特定的含义：人忠实于自己的内心，而不盲从于外在的压力与影响，这是应对外部世界的一种方式。对存在主义哲学家而言，本真性尤为重要（虽然不同的哲学家对“何为本真”会有各自不同的阐释），事关人生的安身立命之根本。

在泰勒看来，本真性与“自我”的特定观念密切相关。将自我理解为“分离自在的独立个体”是现代西方的理念。注重聆听自己内心的声音，强调以忠实于自我的方式来生活，这是现代性转变中出现的“个体本位的文化”（individual-based culture）。但是，现代人这种特定的自我理解并非与生俱来，也并不那么“自然”。泰勒指出：“个体在现代西方文化中无可置疑的优先性，这是现代道德秩序构想的核心特质。……因为对于我们而言，个人主义已经是常识。现代人的错误，便是认为这种对个体的理解是理所当然的。……我们最初的自我理解深深地镶嵌于社会之中。我们的根本认同是作为父亲、儿子，是宗族的一员。只是到了后来，我们才把自己看作是一个自由的个体。”[1] 实际上，人类历史上从来不曾有分离的、自由独立的个体，实际存在的个体总是生活在社会群体和政治秩序之中。在这个意义上，如亚里士多德所言，“人天生是政治动物”。那么，先在于社会群体的独立个体是一种观念，它并不是对人的境况的“真实历史描述”，而是一种建构出来的“自我理解”。当这种观念被大众普遍接受和默认，就成为一种泰勒所谓的“社会想象”（social imaginary）。那么，现代人的社会想象是如何形成的呢？

在古代世界，人们甚至不用“自我”（self）这个词。在那个时候，人们不是以孤立的方式来理解个体，而是将个体理解为“嵌入”（embedding）在各种有序的关系之中：与他人的关系，与社会群体的关系，与自然世界和宇宙整体的关系。个别的古代思想家或许有一种“个体为本”的想法，但它无法成为社会大众的主导文化观念（“社会想象”）。古代世界的社会想象是一种整体的宇宙观。“宇宙”（希腊语 kosmos）这个词的含义是指包容一切的整体——和谐、统一、具有普遍秩序的整体。人们生活在“人、神、自然”的统一秩序之中，而秩序包括一种等级结构以及“各就其位”的观念。泰勒分析指出，前现代的道德秩序“是围绕社会中的等级制概念展开的，这种等级制表达和对应着宇宙中的等级制”。当时有大量自然秩序与社会秩序的“对应论”观念：“比如说，王国中的国王就相当于动物界的狮子，相当于鸟类中的雄鹰，如此等等。”[2]这种等级制度之所以能成为规范性秩序，是因为在当时的社会想象中，它符合宇宙事物本身的结构。这样一个秩序“倾向于通过事物的过程来强化自身：违背它就会遭到强烈的反弹，超出了单纯人类领域。在前现代的道德秩序观念中，这是一种相当普遍的特征”[3]。由此可见，在这样一种文化视域中，所谓“自我”首先处在整体的关系结构之中，个人“嵌入”在一个比自己更大的宇宙秩序整体中，并根据在其中占据的恰当位置，来获得自我的承认、行为规范、价值感和生活意义。

然而，这个基于宇宙秩序的自我理解与社会想象在近代发生了重大的转变。泰勒在他的多种论著中反复考察了这个复杂的转变过程。[4]他的研究表明，这个转变的过程是多个层面彼此纠葛、交织互动的结果，其中既有历史的连续性，又有较为明显的断裂，经历了大约五个世纪之久的“长征”（the long march），最终完成了所谓“大脱嵌”（great disembedding）——“个人”从前现代的整体宇宙秩序中脱离出来，将自身首先看作是“独立自由的个体”。而这个“大脱嵌”的转变同时包括两个方面：一是“人类中心主义的转向”（anthropocentric shift），将人类作为整体从宇宙秩序中“脱嵌”出来，成为与自然世界相对的“人类主体”；一是“个人主义的转向”（individualistic shift），个人的“内在自我”被发现并被赋予独特的价值，使得个人从有机共同体中“脱嵌”出来，获得了具有个人主义取向的自我理解。

泰勒的历史叙事提供了一个相当独到的观察：自我理解的现代转变并不是与宗教传统的简单断裂。恰恰相反，“大脱嵌”的两个转向都具有基督教文明的根源，而犹太-基督教传统与希腊文化之间复杂而紧张的关系也构成了现代转型的重要驱动力之一。简单地说，基督教的自我理解以拯救为终极目标，现世的政体只是天意偶然的规定。这不同于亚里士多德的理想——城邦的政治生活被看作是崇高的目标。此外，基督教“上帝面前人人平等”的教义也难以与希腊的等级秩序完全调和。“人类中心主义的转向”与“个人主义的转向”并没有明确的先后阶段，两者是并行交织的。其中科学革命的兴起以及现代科学的发展引导了从“神意世界”到“自然世界”，再到“自然的客体化”等一系列演变，这些变化与人类中心主义的转向关系更为密切；而宗教冲突、宗教改革、大革命以及近代资本主义的发展催生了“个体主观化”的观念，对个人主义的兴起具有更为重要的影响。简言之，“自然世界的客体化”与“个体的主观化”在瓦解前现代的宇宙秩序的转变中是相互促进的两个方面，共同催发和推动了现代社会想象的兴起，并在经济、公共领域与人民主权的实践中深化了这种个体本位的社会想象。

于是，在大约 17 世纪末到 18 世纪初，西方开始出现了一种新的道德秩序。泰勒认为包括下述四个相互关联的原则：首先是一种信念，认为所有关于社会的思考都应当始于个人，而社会应当为个人之间的互惠利益而存在。这种“个人先在于社会”的信念拒绝了前现代的（亚里士多德式的）信念：一个人“只有当他嵌入一个更大的社会整体之中，才可能是一个适当的道德行动者”。而新的信念期许“一个人可以外在于社会而成为一个完全胜任的人类主体”。其次，现代政治制度的出现是针对这样一个背景——预先存在着作为权利承担者的个人。政治的目的是通过提供安全保障，使得个人为相互利益服务，促进交换和繁荣。因此，政治的目的是满足日常生活的需要。如是理解的政治社会目标不同于传统文化所强调的人与超验秩序的联系。第三，政治社会的组织原则是为了维护个人的权利。个人首先被理解为权利的自主承担者，在塑造个人生活与社会秩序中自由地履行自己的能动性。第四，平等地向所有个体确保他们的权利、自由和互惠利益。[5]这四个原则在西方现代社会中已经深入人心，而新的“现代社会想象”支持着这些原则并赋予它们实践意义，其中的一个重要特征是基于个体（而不是基于共同体）的自我理解，这是现代个人主义的文化核心。

现代个人主义的处境与拯救

马克斯·韦伯曾以“世界的祛魅”来表达超验秩序的解体。但泰勒提醒我们“这些秩序在限制我们的同时，它们也给世界和社会生活的行为以意义”。在世界祛魅之后，人们不再能够将自己与超越自我的更大视野相伴相随，于是产生了某种失落：“不再有更高的目标感,不再感觉到有某种值得以死相趋的东西。”[6]现代人获得了前所未有的自由，却也陷入了空前的意义迷失。这成为现代文化深刻的处境。

西方历史上有许多敏锐的思想家警觉到现代人的意义迷失及其隐患，泰勒在本书中也有所列举。比如，托克维尔曾告诫，民主时代的人们往往寻求一种“渺小和粗鄙的快乐”。尼采指称的“末人”（last man）则是现代文明没落的最低点，他们除了“可怜的舒适”“软绵绵的幸福”之外，生命没有任何抱负。而当代西方的一些批评家（贝尔、布鲁姆和拉西等）确信，现代社会已经沦为一个放任的社会，人们毫无顾忌地标榜自我中心的理想，年轻人甚至欢呼“小我的一代”（me generation）的兴起。由此，现代文化陷入了相对主义、享乐主义和自恋主义的歧途。

泰勒同样关切这种处境，他清楚地看到了“生活被平庸化和狭隘化，与之相联的是变态的和可悲的自我专注”[7]。他对文化悲观论者的批评了然于心，但并不追随那种人云亦云的论调。在他看来，这种悲观论（特别在布鲁姆那里）没有认识到，现代文化中有一种“道德理想在起作用”，这就是“本真性”的理想。虽然这种理想在当代社会中可能体现为低劣扭曲的形态，但它本身是值得肯定和捍卫的。文化悲观论者仅仅看到了这种低劣形态，但在他们的视野中，现代文化完全不存在任何价值和标准，没有任何关于“好的生活”的理想，或者只有那些沦为欲望放纵之托词的所谓“理想”。这些悲观论者在现代文化中看不到任何积极的道德力量，也就丧失了拯救与改造的希望。他们的蔑视、悲叹与愤懑总有一种无力回天的虚弱。而泰勒认为，“一种系统的文化悲观主义同一种完全的文化乐观主义一样，是误入歧途的。反过来，我们面临一场绵延不绝的战斗，面对本真性的更平庸和更浅薄的模式的抵抗，我们要去实现本真性的更高和更充分的模式”[8]。

泰勒致力于阐明自己区别于两种流行意见的独特立场。一方面，他坚持主张，对本真性的追求是一种道德理想，对这种理想的漠视来自对现代文化一知半解的偏见，导致毫无建设性的义愤。另一方面，他力图揭示，对本真性理想的追求和实践要求某种超越自我的背景条件（包括对自我之构成有一种更深刻的认识），如果无视这些条件，将会陷入一种幻觉性的个人自主性，从而导致个人的自我沉湎与放任，最终背弃了本真性的理想。他指出，文化悲观论者所描述的是“一个已经退化了的理想的图像，这个退化了的理想本身是非常有价值的，实际上我想说它是现代人不可拒绝的”。

为什么本真性是一种道德理想？简单地说，在道德思考的历史中，西方社会发展出一种“内在化”的要求：做（道德上）正确的事情，重要的标准之一就是要与我们内在的道德感保持接触（attachment），而不是游离。道德不只是迫于外界压力去做正确的事情，而是与内心的良知相契合。这种思想有迹可循，至少可以追溯到圣奥古斯丁（“通向上帝的道路经由我们的内心”），而到了卢梭那里，被表达为我们“存在之感受”。在历史的现代进程中，这种内在的接触感具有了独立的和决定性的道德意义，整个伦理世界的重心就发生了转变——本真性成为我们作为真正的、完整的人不可缺少的维度。我们的道德拯救来自回复我们对自己内心真实的道德接触，只有这样，才有理由要求人们为自己的行为担当道德责任。也只有这样，我们才能获得所谓“存在之感受”：做一个人就是要忠实于我自己。否则，我就没有领会人生的目的，就没有领会对我而言，做一个人是什么意思。[9] 忠实于自我意味着忠实于自己的独特性，而这种独特性只有我自己才能发现和阐释。这是一种积极的、强有力的道德理想，伴随着自由、责任感和生活的多样性。这是现代文化的重要成就。

但是，本真性对内在标准的强调，也容易演变为“唯我主义”，好像关注内在的自我就足以生成道德准则，外部世界要么是多余的，要么是实现个人自主性的障碍或敌人。泰勒指出，这种独白式的自我同一性是一种幻觉：“内在生成这种事情，如果理解为独白式的，则是子虚乌有。我对我的同一性的发现，并不意味着我独自创造了它，而是说，我通过与他人的、部分公开、部分内化的对话，订立了这个同一性。这就是为什么内在生成同一性之理想的发展，赋予了承认一种新的和关键性的重要性。我自己的同一性根本上依赖于我与他人的对话关系。”[10]

我们无法单单依靠自己来构成自我，形成有意义的独特性标准。自我的理想是在对话关系中塑造的。让我们来考虑泰勒给出的一个例子：一个人宣称自己非常独特，因为他的头发正好是3732根！这种独特性不会令人赞叹，反而会让人觉得可笑。因为他的这一

“独特性”完全不足挂齿（除非在他的文化中，3732这个数字是一个神圣的数字，那才会有特殊的意义。而在这种情况下，这个特殊价值也取决于特殊的文化背景）。相反，一个人若有卓越的钢琴演奏才华，或者长于准确地表达深刻的哲学思想，或者总是真诚友善地待人接物……那么我们会认为这些独特性是有价值的。为什么前后两类独特性的意义会有如此大的差别？泰勒解释说：事物是否重要、是否有意义，必须针对一个背景而言。他称之为“视域”（horizon）或“框架”（framework）。这个背景框架在人类活动最基本的方面界定了什么是重要的，什么是有意义的，并塑造了我们的“道德与精神的直觉”。这个框架由不得我们选择，它是“给定的”（given），是我们共享的“无可逃离的视域”（inescapable horizon）。[11] 而我们所做的选择，在最根本的意义上，恰恰要（有意识或无意识地）依据这个作为深度意义背景的框架。因为我们的生活是共同的生活，这个背景是我们共同生活的前提。如果离开了这个框架，个人的感觉、选择和决定会变得完全不可理喻。

在现代社会中，我们到处可以听到各种貌似“本真的”宣言：“成为你自己”“做真实的自己”“忠实于自己”“实现自己”。诸如此类的口号一直在宣扬特立独行的自主性，尤其肯定独特个性的优越性，并暗示这种独特性只能从自我内部获得。在这种强劲的“成为自己”的现代文化中，事物的价值被认为是主观的（也是相对的），是被“我”所赋予的。我珍视或看重某种事物，不是因为它本身有内在固有的（intrinsic）价值或意义，而是因为我的珍视或看重才使得它具有价值或意义。但是，这种价值主观论可以成立吗？只要我们发问，“你为什么会珍视或看重它？”，回答也许是，“我认为”、“我相信”、“我感觉”或者“我决定”。但这类回应完全没有回答“为什么”。如果我们追问来龙去脉，那么任何认真给出理由的回答都会显示，那个单独的“自我”实际上并没有独自赋予或创造价值，那些看似高度自主的价值决定，背后往往是有渊源和来路的，是由许多经历和故事造就的，是在关系中形成的。价值判断需要依据价值尺度，而价值尺度不可能由“自我”来发明创造，我们只能“选用”和“改造”价值尺度，这正是关系性的自主性观念所揭示的结构性规范限制。我们各自（选用）的价值尺度可能并不一致，我们对具体事物的价值判断可能发生严重分歧，但这不意味着，我们的价值是完全主观的、不受约束的或是由自我任意决定的。

个人自主性是现代性思想的一个重要方面，是一个值得捍卫的理想。它激发人的创造性，要求一种自我负责的精神，鼓励人们过更真诚、更充分和更具个性的生活。现代世界的许多成就与价值来自个人对本真性的追求。但是，这种理想（如同现代性的其他许多理想一样）也可能事与愿违地走向自己的反面，使自身陷入处境。自主的生活理想必须有所选择，选择意味着“某些生活形式实际上高于别的，而对个人自我实现宽容的文化却回避了这些主张”[12]。如果完全依据唯我论，我们实际上无法形成可以判断高低好坏的价值标准。本书的要旨在于指明，建基于唯我论的本真性是一个幻觉：“如果本真性就是对我们自己真实，就是找回我们自己的‘存在之感受’，那么，或许我们只能整体地实现它，倘若我们认识到这个情感把我们与一个更宽广的整体连接在一起的话。”[13]而只有将自我的构成理解为关系性的，理解为对超越自我之共同背景的依赖，我们才能恰当地理解和实践个人自主性的理想，才有可能克服对本真性的误解和滥用。[14]

第一章 三个隐忧

我在此想谈谈现代性的某些隐忧。我说的隐忧指的是当代文化和社会的一些特点，尽管文明在“发展”，人们仍视这些特点为一种失败或衰落。有时人们觉得，严重的衰落发生在刚过去的岁月或年代里——例如，自第二次世界大战或 20 世纪 50 年代以来。有时候，人们在更为长远的历史区段里感受到这种失败：从 17 世纪至今的整个近代屡屡被视为衰落的时间段。即使时间跨度很大，衰落的主题仍有某些重合。这些主题总是围绕几个主旋律的变奏。这里我想挑出两个此类核心主题，然后添上第三个大可从前两个推导出的主题。这三个主题绝没有穷尽我们的话题，但它们确实触及让我们对现代社会感到困扰和迷惑的大部分问题。

我将要谈论的忧虑是耳熟能详的，不必向任何人提醒这些忧虑的存在；它们一直在各种媒体中被讨论、被惋惜、被挑战、被辩驳。这似乎是无须进一步谈论它们的理由。但是，我相信熟悉掩盖了混乱，我们并未真正理解使我们忧虑的那些变迁，围绕它们的常见争论事实上错误地表达了它们——因此使我们错误地相信我们能对它们做些什么。给予现代性明确含义的那些变迁既是众所周知的，也是非常复杂的，这就是它们值得更多地加以讨论的原因。

（1）忧虑的第一个来源是个人主义。当然，个人主义也被许多人冠以现代文明的最高成就之名。我们生活在这样一个世界中，人们有权利为自己选择各自的生活样式，有权利以良知决定各自采纳哪些信仰，有权利以一整套他们的先辈不可能控制的方式确定自己生活的形态。这些权利普遍地由我们的法律体系保卫着。原则上，人们不再受害于超越他们的所谓神圣秩序的要求。

没有什么人想要背叛这项成就。实际上，许多人认为它仍是不完全的，认为经济安排、家庭生活模式或传统的等级观念仍限制着我们成为自己的自由。但是我们中的许多人也是暧昧的。我们从较古老的道德视野中挣脱出来才赢得现代自由。人们过去常常把自己看成一个较大的秩序的一部分。在某些情况下，这是一个宇宙秩序，一个“伟大的存在之链”，人类在自己的位置上与天使、天体和尘世生灵一起共舞翩跹。宇宙中的这种等级秩序曾反映在人类社会的等级结构中。人们过去总是被固锁在给定的地方，一个正好属于他们的、几乎无法想象可以偏离的角色和处所。人们对这些秩序的怀疑，创造了现代自由。

但是，这些秩序限制我们的同时，它们也给世界和社会生活的行为以意义。我们周围的事物不仅仅是我们的计划的潜在原材料或工具，这些事物在存在之链中的地位也给它们以意义。鹰不仅仅是一只鸟，它也是整个动物生活领域之王。同样，社会的礼仪和规范并不限于工具性的意义。对这些秩序的怀疑被称为世界的“祛魅”（disenchantment）。有了祛魅，事物就失去了它们的一些魅力。

关于这是否是板上钉钉的好事，激烈的争论已经持续了几个世纪。但这不是我在这里想要关注的事情。我想考察一下，在某些人看来，上述这种变化对人类的生活和意义所造成的后果。

人们反复表达一个忧虑，那就是个人失去了某个重要的东西，这个东西是与行动的更大的社会和宇宙视野相伴随的。有人把这表述为生命的英雄维度的失落。人们不再有更高的目标感，不再感觉到有某种值得以死相趋的东西。在 19 世纪，阿列克西·德·托克维尔（Alexis de Tocqueville）有时也这样说，他指出人们在民主的时代往往寻求一种“渺小和粗鄙的快乐”[1]。换句话讲，我们受害于激情之缺乏。克尔凯郭尔（Kierkegaard）就是这样来看待“现时代”（the present age）的。尼采的“最后的人”处于这种衰落的最低点；他们的生命中不再有任何抱负，只有“可怜的舒适”。[2]

目标的丧失是与一种狭隘化相联系的。人们因为只顾个人生活而失去了更为宽阔的视野。托克维尔说，民主的平等把个人拽向自身，“导致个人将自己完全封闭在内心的孤独之中的危险”[3]。换句话讲，个人主义的黑暗面是以自我为中心，这使我们的生活既平庸又狭窄，使我们的生活更贫于意义和更少地关心他人及社会。

这个忧虑近来再度浮现在对“放任社会”的苦果、“小我的一代”的作为、“自恋主义”的风行的关切中，这里只列举三个人所共知的当代表述。生活被平庸化和狭隘化，与之相连的是变态的和可悲的自我专注，对所有的这些感受已经以当代文化所独有的形式回潮了。以上勾勒了我想讨论的第一个主题。

（2）世界的祛魅与现时代的另一个极其重要的现

象相联系，这个现象也极大地困扰着许多人。我们可以称之为工具理性的主导性。我的“工具理性”指的是我们在计算最经济地将手段应用于目的时所凭靠的一种合理性。最大的效益、最佳的支出收获比率，是工具理性成功的度量。

毋庸置疑，将旧秩序扫荡一空已经极大地拓宽了工具理性的范围。一旦社会不再有一个神圣结构，社会安排和行为模式不再立足于事物的秩序或上帝的意志，这些社会安排和行为模式在某个意义上就可以嬗变由人。我们可以重新设计它们，目的是让它们产生个人的福祉安康。因此管用的尺度就是工具理性的尺度。与之相似，一旦我们周围的创造物失去了赖以在存在之链中获得地位的意义，它们就可以被当作我们的计划的原材料或工具。

一方面，这种变化是解放。但也存在着一种广泛的不安，那就是，工具理性不单单已经扩展了它的范围，威胁着要全面控制我们的生活。令人害怕的是，应该由其他标准来确定的事情，却按照效益或“代价–收益”分析来决定；应该规导我们生活的那些独立目的，却被产出最大化的要求所遮蔽。人们可以指出许许多多给予这种忧虑以实质内容的事情。例如，经济增长的要求用来为非常不平等的财富和收入分配辩护，同样的要求使得我们对环境的需要，甚至对潜在的灾难无动于衷。或者，我们能够想想社会规划的运作方式，像风险评估这类关键领域，大多也是被种种形式的代价—收益分析所左右。这类分析涉及一些荒诞不经的计算，用美元估算人命。[4]

工具理性的主导性在环绕技术的声望和氛围中也是明显的。它使我们相信，我们应该寻求技术上的解决，哪怕我们需要的是非常不同的东西。像贝拉（Bellah）和他的同事们在他们的新书中有力地论证的那样[5]，我们在政治领域里足够多地看到这一点。但是，工具理性的主导性也侵入到其他领域，像医学领域。帕特里莎·本纳（Patricia Benner）在一系列重要的著作中已经论证，医学中的技术方法经常将这样一种护理撂在一边，这种护理会把病人看成一个具有生活经历的完整的人，而不是把病人看成一个技术问题的核心。社会和医疗机构常常小瞧了护士的贡献，但比起那些有高技术知识的专家，护士们反而能提供这种有人情味的护理。[6]

技术的支配地位也被认为助长了我们生活的狭隘化和平庸化。我已经讨论过这种与第一个主题相关联的狭隘化和平庸化。人们说起了我们人类环境中的共鸣性、深刻性或丰富性的丧失。大约150年前，马克思在《共产党宣言》中写道，资本主义发展的结果之一就是“所有坚固的东西都散于无形”。这个看法就是，过去服务于我们的坚固的、持久的、总是意味深长的对象，正在让位给那些堆积在我们周围的快捷的、廉价的、可替换的商品。当我们从与环境的“多方交往”中一步步后退，并代之以索求和获得可带来一些预期好处的产品时，阿尔伯特 · 波格曼（Albert Borgman）谈到“装置范式”。他将两种取暖方式做了比较，那就是，今天我们用中央取暖炉给我们的房子取暖，而在拓荒时代，给房子取暖意味着整个家庭都要参与砍伐堆放柴木和添薪加火这些事务。[7]汉娜·阿伦特(Hannah Arendt)关注当代用品的越来越短命的特点，她论证道：“人类世界的实在性和可靠性基本上倚赖于一个这样的事实：我们被事物包围着，而这些事物比生产这些事物的行为更为恒久。”[8]这种恒久在一个现代商品世界里正面临威胁。

工具理性的主导性不只是一个或许无意识的方向（这个时代刺激和引诱我们趋于这个方向），认识到这一点增加了上述威胁感。对我们来说，工具理性可能已经够难对付了，但它至少有可能在劝说之下让步。然而，很清楚，社会生活的强有力的机制沿这个方向压迫着我们。一个经理，尽管有自己的取向，但也可能被市场条件逼着采纳一种她感到破坏性的最大化策略。一个官僚，尽管有个人的见解，但也可能被他工作时依据的规则逼着去做出一项他知道是违背人性和善意的决定。

马克思和韦伯（Weber）以及其他伟大的理论家已经探索了这些非人格的机制。韦伯用一个形象的词语称之为“铁笼”。有些人想从这些分析中得出结论，即我们在面对这些逼迫时是真正无能为力的，或者至少是无能为力的，除非完全拆除我们在过去的几个世纪里一直活动于其下的制度性结构——那就是，市场和国家。这个抱负今天看起来实在无法实现，相当于宣告我们无能为力。

随后将回到这一点，但我相信这些强劲的宿命理论是抽象的和错误的。我们的自由度不是零。思考一下我们的目的应该是什么、工具理性是否应该在我们的生活里起小一点的作用，是有益的。但是，这些分析包含的真理是，它不仅仅改变个人的看法，不仅仅是“心脏和心灵”的战斗，尽管这些都重要。这个领域中的变化必须也是制度上的，尽管它不可能像伟大的革命理论家们主张得那样广泛和彻底。

（3）这把我们带到政治的层面，带到个人主义和工具理性的政治生活的令人恐惧的后果上。我已经介绍了一个后果。其中一个后果就是工业-技术社会的制度和结构严重限制了我们的选择，它们迫使社会以及个人极大地借重可能是高度摧毁性的工具理性，而我们在严肃的道德考虑中从未这样做过。相关的例子是我们在处理像臭氧层变薄这样的环境灾难给我们的生活造成致命威胁时所碰到的巨大困难。围绕工具理性建造的社会，可以被视为既给个人也给群体带来自由的极大丧失——因为被这些力量塑造的不仅是我们的社会选择。个人的生活风格也难以在与工具理性的格格不入中保持住。例如，某些现代城市的通盘设计使得人们离不开小汽车，尤其是在公共交通已经被削弱以利于私人汽车的地方。

但是，还有一种自由的丧失也被广泛地讨论，最难忘的是托克维尔的讨论。在一个社会里，如果人民最终成为那种“封闭在自己的心中”的个人，那么几乎没有人愿意主动地参与自我治理（self-government）。他们将宁愿留在家里享受私人生活的满足，只要当时的政府生产这些满足的手段和广泛地分配这些手段。

这就为一种新的、特别现代形式的专制主义的危险敞开了大门，托克维尔称这种专制主义为“柔性的”专制主义。它不是旧时代那种恐怖和压迫的暴政。政府是温和的和家长式的。它甚至可以保持民主的形式，有定期的选举。但事实上，一切都要靠一个“巨大的监护权力”[9]来驱动，对于这个力量，人民将无法控制。托克维尔认为，对此仅有的抵御措施是一个充满活力的政治文化。在这种文化里，人民看重参与诸层政府，也看重参与自愿团体。但是，以自我为中心的个体原子论对这种文化产生了不利影响。一旦参与行为衰减，曾作为中介的横向联合团体萎缩，个体公民就会独自面对巨大的官僚国家，正确地讲，就会感到无能为力。这使公民变得更加消极，而柔性专制主义的恶性圆圈就合上了。

或许这种对公共领域的疏离和对政治控制的丧失的后果，正发生在我们高度集中化和官僚化的政治世界里。许多当代思想家都已经将托克维尔的著作视为预言性的。[10]如果是这样，我们正在危险地失去的东西就是对我们命运的政治控制，某种我们作为公民能够共同运用的东西。这就是托克维尔所说的“政治自由”。在这里受到威胁的是我们作为公民的尊严。上面提到的种种非人格的机制可能会减少社会作为一个整体的自由度，但政治自由的丧失意味着即使留下的选择也不再是我们作为公民所做出的，而是由不负责任的监护权力做出的。

因此，这些就是我想在这本书中处理的关于现代性的三个隐忧。第一个担心可以称其为意义的丧失，道德视野的褪色。第二个是在欣欣向荣的工具理性面前，目的的晦暗。第三个是自由的丧失。

当然，所有这些并不是毫无争议的。我已经谈了那些被有影响的作者们广泛传播和提及的隐忧，但这里没有任何东西是大家都认同的。即便对这类隐忧抱有同感的人们也在激烈地争论如何去表述它们。有许多人想把它们立即打发走。那些深深扎进批评家们称之为“自恋主义”的人认为，反对者们是在渴望一个更早期的、更具压迫性的年代。现代技术理性的行家里手们认为，工具理性主导性的批评者是保守分子和蒙昧主义者，他们不想让世界得到科学带来的好处。有些提倡纯消极自由（negative liberty）的人相信，政治自由的价值被夸大了，我们追求的应该是一个科学管理加上每个个体的最大独立性的社会。现代性既有其褒扬者，也有其贬低者。

这里没有任何东西是大家都认同的，争论还在继续。但在争论的过程中，这些褒贬不一的发展的根本性质往往被误解了。结果是，需要做出的道德选择的真实性质被掩盖了。我尤其主张，我们要采纳的正确途径既不是直接的拥护者们推荐的那种，也不是全盘的反对者们喜欢的那种。利益和代价（比如说，个人主义、技术和官僚管理）之间的一个简单平衡也不能提供答案。当代文化的性质比这要微妙和复杂。我想说，拥护者们和反对者们都是对的，但利益和代价之间的简单平衡无法公平对待双方。事实上，在我一直描述的发展中，既有许多让人赞赏的东西，也有许多低级的和令人惧怕的东西。但是，理解两者的关系就是要看到，问题不是你为正面成果必须付出多少负面成果的代价，而是如何将发展引向最远大的前途，并且避免滑向低级形式。

现在，我没有足够的篇幅来处理所有这三个值得处理的主题，所以我抄条近道。我将展开对第一个主题的讨论，它涉及个人主义的危险和意义的丧失。我将更详细地展开这个讨论。得到某种应该如何处理这个问题的想法之后，我将表明如何类似地处理其他两个主题的类似处理进行。因此，大量的讨论将集中在我们关心的第一个主轴上。让我们更细致地考察它如今是以什么形式出现的。

第二章　口齿不清的争论

我们可以通过美国最近出版的一本非常有影响的书，阿兰·布鲁姆（Allan Bloom）的《美国精神的终结》（*The Closing of the American Mind*），来梳理第一个主题。这本书本身就是一个很值得注意的现象：一位学院派的政治理论家关于今日学生的观点风气的著作，占据《纽约时报》畅销书位置达数月之久，大出作者的意料。这本书动人心弦。

这本书对今天受过教育的青年提出严肃的批评。它注意到，青年们的观点的主要特点是他们接受一种相当肤浅的相对主义。每个人都有他或她自己的"价值"，对这些价值不可能进行论证。但是，如同布鲁姆注意到的，这不仅仅是一个认识论的立场，一个关于理性所能确立的东西的局限的观点；它也被当作一种道德立场而被持有：一个人不应该挑战另一个人的价值。人们所关心的，是他们的生活选择，而这些应该受到尊重。这种相对主义部分地建立在相互尊重的原则上。

换句话讲，这种相对主义本身是一种形式的个人主义的衍生品，其原则大约如此：每个人都有发展他们自己的生活形式的权利，生活形式是基于他们自己对何为重要或有价值的理解。人民被号召去真实地对待自己，去寻求他们自己的自我实现。最后，每个人必须为自己确定自我实现取决于什么。任何别的人都不能或都不应该试图规定其内容。

这是今天人们熟知的观点。它反映了我们可以称为自我实现的个人主义，它弥漫于我们的时代，自20世纪60年代以来尤其在西方社会得到茁壮成长。这种自我实现的个人主义，在其他一些有影响的著作中也得到注意和讨论：丹尼尔·贝尔（Daniel Bell）的《资本主义文化矛盾》（*The Cultural Contradictions of Capitalism*）、克里斯托夫·拉西（Christopher Lasch）的《自恋文化》（*The Culture of Narcissism*）和《最小自我》（*The Minimal Self*），以及吉尔斯·利泼维茨基（Gilles Lipovetsky）的《虚无的时代》（*L'ère du vide*）。

所有这些著作中，关切之音是人所共闻的，尽管利泼维茨基的声音可能稍弱一点。这些关切之音大体上沿着我在前面概述的第一个主题的思路。这种个人主义导致人们以自我为中心，以及随之而来的对那些更大的、自我之外的问题和事务的封闭和漠然，不论这些问题和事务是宗教的、政治的，还是历史的。其后果是，生活被狭隘化和平庸化。[1]这种隐忧典型地发展到我所描绘的第三个领域：这些作者关切的是，文化中的这个转变可能导致可怕的政治后果。

我在许多方面同意这些作者对当代文化的指责。像我将要解释的那样，我认为今天四处弥漫的相对主义是一个深远的错误，甚至在某些方面是一种自愚（self-stultifying）的学说。显然，自我实现的文化已经引导人们丧失了对他们自身之外的事物的洞察。它已经采取了浅薄的和自我放纵的形式。这种文化甚至可以导致一种荒谬性，因为在这些追求自我实现的人中出现了种种新的服从模式；更有甚者，当对自己的承认感到不牢靠时，他们对那些被科学的名望或某种奇异灵性裹着的各种各样自封的专家和向导趋之若鹜，这就导致了新的依赖形式。

不过，在这些作者的论证中，有某个我想要反对的东西。它最清楚地出现在布鲁姆那里，或许在他对自己描述的文化的轻蔑音调中表现得最强烈。他似乎没有认识到，这里有一个有力的道德理想在起作用，无论此理想的表述可能多么低劣和歪曲。自我实现背后的道德理想是对自己真实（根据对这个术语的特别现代式的理解）。几十年前，利昂内尔·特里林（Lionel Trilling）在一本影响很大的书中优美地定义了这个道德理想，在这本书中他概括了它的现代形式，并将它与其早期形式区别开来。这个区分用《真诚与本真性》（*Sincerity and Authenticity*）这本书的名字表达出来，采纳他的说法，我将用“本真性”（authenticity）这个术语代表这个当代理想。

我用道德理想指的是什么东西？我指的是一个概念，关于什么是一种较好的或较高的生活模式，在这里，“较好的”和“较高的”，不是依照我们碰巧所欲或所需来定义的，而是提供了一个关于我们应该欲求什么的标准。

“自恋主义”（拉西的词）或“享乐主义”（贝尔的描述）等词语的确切意义，是想暗示在这里任何道德理想都不起作用；或者说，即使表面上有，这些词的意义是要暗示，道德理想应该宁可被看成对自我放纵的掩护。像布鲁姆所说的那样，“绝大部分学生，尽管像其他任何人一样都想好好思考自己，但都意识到他们忙于自己的职业和关系。自我实现的某些虚浮之辞给这种生活一个有魅力的神态，但是他们能够明白，这种生活毫无任何特别崇高的东西可言。活命哲学已经取代英雄主义成为受人赞赏的品格”[2]。我丝毫不怀疑，这的确刻画了一些人，或许刻画了许多人，但认为它让我们看清了我们文化中的转变，看清了这个道德理想的力量是一个大错误——我们需要理解这个道德理想，如果我们要解释为什么自我放纵者把它当成一个矫饰的“神态”来使用。

这里我们需要理解的是像自我实现这类概念背后的道德力量。一旦我们试图将其简单地解释为相较于更粗粝、更严格的早期岁月而言的一种利己主义，或一种道德败坏、自我放纵，我们就偏离了轨道。“放任”的说法错失了这一要点。道德败坏古已有之，我们的时代绝不独善。我们需要解释的是我们的时代独有的东西。那不仅仅是人们为了追求自己的成就而伤害的爱的关系，牺牲了的对孩子的照顾。这类事情或许总是发生。问题是，今天许多人被呼唤去这么做，感到他们应该这么做，如果不这么做，那么他们的生命不知为何就被荒废了或没有得到满足。

这样，在这个批判中没有考虑的东西是本真性理想的道德力量。它与它的当代诸形式一起不知道为什么正隐约受到贬低。假使我们能够为了捍卫它而转到其对立面，那么事情就不会太坏。但这里我们会感到失望。对本真性的信奉采用一种柔性相对主义的形式，就意味着对任何道德理想的有力辩护不知道为什么无法进行。因为，像我刚刚在前面描述的那样，这里隐含的东西是，某些生活形式实际上高于另外一些，而对个人的自我实现宽容的文化回避了这些主张。如同被经常指出的那样，这意味着在他们的观点中存在一些矛盾和自违初衷的东西，因为相对主义自身（至少部分地）就是用一个道德理想武装起来的。但是，这是一个常常被采纳的立场。这个理想陷落到一个公理的层面上，某个人们不质疑但也从不阐明的东西。

在采纳这个理想时，本真性文化中的人们（我想如此称呼他们）支持一种自由主义，其他许多人也已经阐明了这种自由主义。这就是中立的自由主义。其基本信条之一就是，一个自由社会必须在什么构成一种好的生活的问题上保持中立。好的生活是每个个体以他或她自己的方式追求的东西，如果政府在这个问题上表态，那它就没有做到不偏不倚，没有给所有公民同等的尊重。[3]尽管这个学派中的许多作家是柔性相对主义的强烈反对者，他们中有德沃金（R. Dworkin）和金里卡（Kymlicka），他们理论的结论是将关于好的生活的讨论放逐到政治争论的边缘地带。

其结果是一种特别的口齿不清（inarticulacy），对现代文化的构成性理想之一欲说还休[4]。这个理想的反对者们轻视它，附和者们无法谈论它。整个争论在谋求将其置于暗处，令其隐于无形。这样做有不利的后果。但在接着讨论这些后果之前，我想讨论谋求强化这种沉默的其他两个因素。

一个因素是道德主观主义在我们文化中的控制力。我用道德主观主义指的是这样的看法：道德立场绝不是基于理性或事物的本性，而是终究只由我们每个人来采纳，因为我们发现我们被拽向这些立场。按照这个看法，理性不能判定道德争端。当然，你可以给某人指出他的观点的某些后果可能是他没有思考到的。所以，本真性的批评者可以指出每个人寻求自我实现的可能的社会和政治后果。但是，如果你的对话者仍感到要坚持他原来的立场，那么你就无法进一步的反驳他。

这个观点的基础是复杂的，远远超越了柔性相对主义的道德理由，尽管主观主义明显地给这种相对主义提供了一个重要的后盾。显然，沉浸在当代本真性文化中的许多人高兴地信奉着这种对理性的角色（或非角色）的理解。或许更令人惊讶的，是同样高兴地信奉着这种理解的还有许多反对者，他们被引导到对改造当代文化越发感到绝望。如果青年们真的不关心自我以外的事业，那么你能对他们说什么呢？

当然，有批评家坚持说存在着理性标准。[5]他们认为存在着人性之类的东西，认为对人性的理解将表明某些生活方式是正确的，其他方式是错误的，某些方式高于和好于其他方式。这个立场的哲学根源在亚里士多德那里。对比之下，现代主观主义者往往对亚里士多德持尖锐的批评态度，他们抱怨亚里士多德的“形而上学生物学”过时了，在今天完全是不可信的。

但是，这样思考的哲学家已经普遍成为本真性理想的反对者；他们已经把本真性理想看作对根植于人性中的标准的一个错误背离的一部分。他们根本不想去明确地表述这个理想是关于什么的；而那些坚持这个理想的哲学家常常受阻于他们的主观主义观点。

掩盖了本真性作为道德理想的重要性的第三个因素，是常规样式的社会科学解释。它已经普遍地回避了对道德理想的求助，而在其解释中往往诉诸可能更为硬性的和现实的事实。这样，我在这里一直关注的现代性的特点、个人主义和工具理性的扩张，总是被解释为社会变革的副产品，例如，被解释为工业化、更大的流动性或城市化的派生品，这里确实有一些重要的因果关系要追溯，那些诉诸因果解释的论述往往回避了这样一个议题，那就是，这些文化和观念上的变化是否要归功于它们自身作为道德理想的内在力量。[6]

被认为造就了新观念的种种社会变迁本身也必须得到解释，而这就要借助于人类的动机，除非我们假设工业化或是城市的扩张完全是在心灵缺席的状况下发生的。我们需要弄清是什么东西驱动人们沿着一个方向稳定地前进，例如，更多地将技术应用于生产，或者使人口更加集中。但是，我们经常援引的是非道德的动因。非道德的动因，我指的是无须与任何道德理想相联系而能够激励人们的动因，就像我前面定义的那样。所以，我们总是发现社会变化是按照对更多财富，或更大权力，或更多生存手段，或更多控制他人的手段的欲求来解释的。尽管这些东西都能够编织到道德理想之中，但它们不必被如此编织。因此，按照它们进行的解释就被充分地认为是“硬性的”和“科学的”。

甚至在有些地方，个人自由和工具理性的扩充被视为思想，这些思想的内在魅力可以帮助解释其兴起。但是，即使在这些地方，这种魅力也总是在非道德的意义上被理解的。那就是，这些思想的力量不是依照其道德力量来理解，它们之被理解仅仅是因为它们似乎给人们带来利益，不论人们的道德观如何，甚至不论他们是否有道德观。自由允许你为所欲为，而工具理性的更大运用给予更多你想要的东西，无论那是什么。[7]

这一切的结果是本真性的道德理想变得更加灰暗朦胧。当代文化的批评家们往往贬低这个理想，甚至将它与一个非道德性的、不被干预地为所欲为的欲望混淆起来。这个文化的捍卫者们被他们自己的见解推入这个对理想难于启齿的境地。我们哲学世界中的主观主义的普遍力量和中立自由主义的威力强化了这样的感觉，那就是，这些问题不可能也不应该被讨论。那么除此之外，社会科学似乎在告诉我们，要理解当代本真性文化这类现象，我们不应该在解释中诉诸道德理想之类的东西，而应该完全按照（比如说）生产模式的最新变化[8]、青年消费的最新样式或富足保障来看待。

这有什么要紧吗？我认为非常要紧。当代文化的批评家们攻击的许多东西是这个观念的低级的和变异的形式。那就是，这些低级、变异的形式来自这个理想，它们的实践者们乞灵于这个理想，但事实上这些形式并不代表这个理想的本真性（！）的实现。柔性相对主义是一个例子。布鲁姆看出它有一个道德基础："真理的相对性不是一个理论洞见，而是一个道德设定，是一个自由社会的条件，［学生们］大约就是这样看的。"[9]它们远远够不上拒绝本真性道德理想的理由，相反，它们本身就应该以本真性理想的名义遭到拒绝。我想要论证这一点。

对于诉诸本真性来为漠视自我以外的任何事物做辩护，对于把我们的过去当作不相干的东西加以拒斥，对于否定公民身份之要求、否定团结一致之义务或否定自然环境之需要，我们可以提出一个与上面类似的反驳观点。与之相似，把这些关系当作个人自我实现的工具，并以本真性的名义对其进行辩解，也应该被看作是一种自愚式的曲解。把选择的权力本身当作一个要加以最大化的善来肯定，是这个理想的一个怪胎。

现在，如果这类看法是对的，那么能够把它讲出来就很要紧，因为对那些投身偏离常规形式的人们，我们就合情合理地有话可说。这可能会给他们的生活带来一定的改变。这些事情中的一些可以被听到。口齿不清的伦理学*在这里具有道德意义，不仅仅纠正可能错误的观点，而且是已经在指导人们生活的理想的力量。对于人们而言，它更加明显、更加生动；通过

* Articulacy。“articulacy”“articulation”“articulate”以及它们的否定形式在泰勒的著作中极为关键，尤其是“articulation”，这个词就字面的意思来说就是“说清”“阐明”“详细阐述”。泰勒认为，伦理学的意义就在于阐明（articulate）我们行动和生存的道德根源（moral sources）、超善（hypergood）、背景（background）。泰勒有时也使用道德理想（moral ideal）和道德愿景（moral vision）的提法。只有经由阐明，我们才能获得行动的方向并实现认同的定位。而现代道德哲学拒绝，或者说无力从事这样的阐发工作，如此一来我们的行动和生存就要在一种“未经阐明”（inarticulacy）的状态下进行，就此而言，现代道德哲学对于其根本任务几乎“无话可说”，泰勒称之为“the ethics of inarticulacy”，本书意译为“口齿不清的伦理学”。——编者注（如无特殊说明，本书脚注均为编者注）

使它更加生动，人们能够以一种更充实和更完整的形式去实践它。

我提倡的是一个既异于当代文化的支持者也异于反对者的立场。与支持者不同，我并不相信在这个文化中一切都是它应该所是。这里我容易与反对者一致。但是跟他们不同，我认为本真性应该被严肃地当作一个道德理想。我也与种种中间立场者不同，而根据这些中间立场，这个文化中有一些好的东西（像个人的更大自由），但是这些好东西的到来是以某些危险为代价的（如公民感的弱化），以至于最好的政策是找到利益与代价的理想交易点的政策。

我正在提供的图景是关于一个已经退化了的理想的图像，这个退化了的理想本身是非常有价值的，实际上我想说它是现代人不可拒绝的。所以，我们需要的既不是彻头彻尾的谴责，也不是不加批判的赞扬；也不是一个细致地平衡好了的交易。我们需要的是一种补救性的工作，通过它，这个理想可以帮助我们恢复我们的实践。

为了理解这一点，你必须相信三件事。它们全都是有争议的：（1）本真性是一个有效的理想；（2）你可以从理性上对理想进行论证，对实践与这些理想的相符与否进行论证；(3)这些论证是有用的。第一个信念全然不理会对本真性文化的主要批评，第二个信念导致拒绝主观主义，第三个信念与这样一些对现代性的说明不相容，这些说明认为我们被“体制”囚禁在现代文化中，不管“体系”是定义为资本主义、工业社会，还是官僚制度。我希望接下来我能够使这些变得有道理。让我们从这个理想开始。

第三章 本真性之源

本真性的伦理是某个相对新颖的东西，是现代文化独有的。它滥觞于 18 世纪末，以个人主义的雏形为基础，例如笛卡尔首创的抽离式理性（disengaged rationality）的个人主义，要求每个人自负其责地为他或她自己思考，或洛克的政治个人主义，试图使人及其意志先于社会责任。但是，本真性也已经在某些方面与这些早期形式相冲突。它是浪漫主义时期的产儿，对超然合理性和不承认共同体纽带的原子论持批判态度。

描述其发展的一个做法是去考察其起点，这个起点在 18 世纪的一种思想中，那就是，人类具有一种道德感，一种对何对何错的直感。起初这个学说的思想是去抗衡一个对立的观点，即知道对与错就是计算后果，尤其是与神的奖赏和惩罚相关的后果。而前一种思想是，理解对与错不是枯燥的计算，它扎根在我们的感受之中。道德，在一种意义上，具有一个内部的声音。[1]

本真性概念发端于这个思想中的道德重音的移位。按照起初的看法，内部声音之所以重要，是因为它告诉我们哪些是正确的要做的事情。与我们的道德感受保持接触，作为通向正确行事之目的的手段，在这里就很重要。当这种接触具有独立的和决定性的道德意义时，我所说的道德重音的移位就发生了。它成为我们为了成为真正的和完整的人而非获取不可的东西。

为了看到这里有何新意，我们必须看看与早期道德观点的类比，在这些观点中，与某个源头——比如说，上帝或善的理念——保持接触，对于完整的存在，被认为是至关重要的。只有在现在，我们必须保持联系的源头才深藏于我们自身之中。这是当代文化的大规模主观转向的一部分，是一种新形式的内向性（inwardness），我们以此视自己为具有内部深度的存在物。起初，源头是内部的这个思想并不排除我们与上帝或理念相关；它可以被看成我们通向它们的合适方式。在某个意义上，它可以看成圣奥古斯丁开创的思路的继续和强化。圣奥古斯丁认为通向上帝之路就是我们对自身的反思意识。

这个新观点的第一个变体是有神论的，或者至少是泛神论的。让-雅克·卢梭论述了这个新观点，他是推动这个变化的最重要的哲学家。我认为卢梭重要，并不是因为他首先推动这个变化；我倒是要论证，他之所以得享大名，部分是因为他清楚地阐述了某个业已发生在这个文化中的东西。卢梭通常将道德问题表述为我们遵从自身本性之声的问题。这个声音，总是被那些由我们对他人的依赖诱发的激情所盖过，骄傲是这些激情中关键的一个。我们的道德解救来自恢复与自身的真实的道德接触。卢梭甚至为这种与自身的亲密接触取了一个名字，比任何道德观更为基本，那就是，欢乐和满足之源——“存在之感受”[2]。

卢梭也以一种最有影响的方式，阐释了一个密切相关的思想。这就是我想要称为自决的自由（self-determining freedom）的观念，即只有我自己决定什么东西与我有关，不被外部影响左右的时候，我才是自由的。自决自由的标准显然超越了我们所谓消极自由（negative liberty），在消极自由中，我不受他人的干扰，自由地做我想做的事情；而自决自由所以超越消极自由，正是因为后者与我被社会及其要求我服从的法律塑造和影响这一点是相容的。自决的自由就要求我打破所有那些外部强加的禁锢，独自做出决定。

在这里我提到这个观点，不是因为它对于本真性是至关重要的。很明显，这两个观念是不同的。但是，它们一同成长，有时在同一些作者的著作中得到发展，它们的关系一直是复杂的，有时是冲突的，有时紧紧地捆在一起。其结果是，它们时常被混淆，而这就是本真性的变异形式的来源之一，如同我将要论证的那样。我在后面将回到这一点上。

自决的自由已经是我们政治生活中一个有巨大力量的思想。在卢梭的著作中，它按照建立在公意基础上的社会契约国家的想法，采纳了政治的形式，而恰恰因为公意是我们共同自由的形式，所以它不容忍以自由为名义的任何对立。这个思想已经是，人们可能论证，起始于雅各宾人的近代集权主义的思想来源之一。尽管康德从纯粹道德方面将这个自由的概念重新解释为自律（autonomy），它仍随着黑格尔和马克思一起迅猛地回到政治领域。

回到本真性之理想。它变得至关重要，是由于卢梭之后出现的一个进展，我将这个进展与赫尔德（Herder）联系起来——重申一次，赫尔德是其早期主要的阐释者，并非发明者。赫尔德提出这样的思想：我们每个人都有一个独到的做人（being human）的方式。用他的话讲，每个人都有他或她自己的“度衡”（measure）[3]。这个思想已经深深进入近代意识。它也是时新的。在18世纪后期之前，没有人认为，人与人之间的差异会具有这种道德意义。存在着某种做人的方式，它是我的方式。我被号召以这种方式，而不是模仿别的任何人的方式，过我的生活。而这就将新的重要性给予了对我自己真实（being true to myself）。如果我不这样，我就没有领会生活的目的，就没有领会对我而言什么是做人。

这就是流传下来的强有力的道德理想。它将一种无比的道德重要性赋予一种与我自己，以及与我自己的内部本性的接触，而它看出这种接触正处于丢失的危险之中，部分由于有压力将我们推向外部服从，也由于在对自己采取一种工具态度时我可能会失去倾听这种内部声音的能力。通过引入原发性原则（the principle of originality），这个理想极大地增强了这种自我接触的重要性：我们的每个声音都有其自己的东西要说出来。我不但不应该让我的生活符合外部一致的要求；在我之外我甚至不可能找到我据以生活的模型。我只能从内部找到它。

对我自己真实意味着对我自己的原发性真实，而这是某个只有我才能够阐明和发现的东西。在阐明它的过程中，我也在定义我自己。这是对现代本真性理想的背景性理解，对成就自我或实现自我此类目标（这个理想常常表达在其中）的背景性理解。这个背景将道德力量赋予本真性文化（包括其最低级、荒谬，或琐碎的形式）。它给予“做你自己的事”或“找到你自己的满足感”这类想法以意义。

第四章　不可逃避的视野

这是对本真性的起源的一个非常粗略的描述。我在后面必须补充更多的细节。但眼前看看我们在这里的推理是如何进行的就足够了。我想着手考察我在上节结尾处提出的第二个有争议的主张。对于沉浸在当代本真性文化中的人们，能用理性跟他们讲话吗？对于深陷柔性的相对主义的人们，或者除了自身发展之外不忠实于任何别的事业的人们——比如说，那些为了向上爬而抛弃爱情、子女、民主团结的人，你能用理性跟他们交谈吗？

那么，我们如何推理呢？道德事务中的推理总与某个人一起进行。你有一个对话者，你从此人所处的地方开始，或者从你们之间实际上的差异开始；你不是从头开始，仿佛是在与一个不承认任何道德要求的人谈话。与一个不接受任何道德要求的人争论对错，就像与一个拒绝接受我们周围的知觉世界的人争论经验事物一样，是不可能的。[1]

但是，我们正在想象与当代本真性文化中的人们进行讨论。这就意味着他们正在试图利用这个理想来塑造他们的生活。摆在我们面前的并不只那些关于他们的偏好取向的直统统的事实。但是，如果我们从这个理想开始，那么我们就可以问：在人类生活中，实现这种理想的条件是什么？根据恰当的理解，这个理想提倡什么？两个问题的次序是交织的，或许互变而成一个问题。在第二个问题中，我们试图更好地定义这个理想的内容。就第一个问题而言，我们想要指出人类生活的某些一般特点，这些特点制约着这个理想或其他任何理想的实现。

接下来，我想提出两条论证，它们能够描绘出这类提问的旨意。论证将是非常粗略的，更多地具有建议的性质，即对怎样才像一个令人信服的证明提出建议。我的目的是维护我的第二个主张，即你可以运用理性就这些问题进行论证，然后证明，试图更好地理解本真性取决于什么实际上是有实践意义的。

我想唤起的人类生活的一般特点是其根本意义上的对话特性。我们通过获取丰富的人类表达语言成为完整的人类行为者，能够理解我们自身，并因此能够定义一个同一性（identity）。为此讨论计，我想在宽泛的意义上使用“语言”一词，它不仅涵盖我们说的语词，而且涵盖我们定义自身时使用的其他表达模式，包括艺术、手势、爱等“语言”。但是，我们是通过与他人的交流被引导到这些表达模式之中的。没有人独自地获得自我定义所必需的语言。通过与那些对我们重要的人——乔治·赫伯特·米德（George Herbert Mead）称之为“重要的他人”[2]——的交流，我们被引导到这些语言中。人类心灵的起源在此意义上不是“独白式的”，不是每个人能够独自完成的，而是对话式的。

此外，这不仅仅是一个关于起源的、随后就可以忽略掉的事实。我们并不只是在对话中学习语言，然后能够独自将它们用于我们自己的目的。在某个程度上，这描述了我们在我们文化中的处境。我们被期待着在很大的程度上通过孤独的反思，去发展我们自己的看法、观点、对事物的态度。但是，对于重要的题目，如定义我们的同一性，事情并非如此。我们总是在与重要的他人想在我们身上承认的那些特性的对话中，或者在斗争中，来定义我们的同一性。即使我们的成长逾出了后者——例如，我们的父母——并且他们从我们的生活中消失了，只要我们还活着，与他们的交谈仍在我们身上绵延。[3]

所以，重要的他人的贡献，即使发生在我们生活的开头，也无处不在延续。有些人可能到这里能领会我的思想，但仍然想坚持某种形式的独白式的理想。对，我们永远不可能完全将自己从那些热爱、关怀，和在生命早期塑造我们的人们中解放出来，但我们应该努力在可能的最大程度上独自定义自己，尽最大努力去理解并且因此控制父母施加的影响，避免陷入任何这类进一步的依赖之中。我们需要这些关系去实现自身，而不是定义自身。

这是一个共有的理想，但我们认为它严重地低估了对话在人类生活中的地位。它仍想尽可能将对话局限在起源上。它忘记了，我们对生活中的美好事物的理解，是如何能够通过我们与我们所热爱的人们一起欣赏这些美好事物而转变的，它忘记了有些善之所以为我们所理解，乃是因为此类共同欣赏才有可能。由于这样，要阻止用我们所爱的人们来形成我们的同一性，就要付出巨大的努力，并且可能要经历许多痛苦的分裂。思考一下我们用“同一性”意指什么。它是我们所是的那个“谁”，是“我们的本原之所在”。就此而言，它是我们的口味、欲求、观点和志向得以有意义的背景。如果只有涉及某个我爱的人，我看得最重的某些东西才为我所理解的话，那么她就变得内在于我的同一性了。

对某些人来说，这看起来像人们渴望挣脱的限制。这是理解隐士（或者举一个我们文化更熟悉的例子，孤独的艺术家）生活背后的冲动的一种方式。但是，从另一个角度看，我们甚至可以把这看成对某种对话性（dialogicality）的渴望。在隐士情形下，对话者是上帝。在孤独艺术家情形下，作品本身是讲给未来听众听的，听众或许仍是被作品本身创造出来的。一件艺术作品的形式显示其特点是讲话式的。[4]但是，无论人们怎么想，如果没有英雄式的努力去逃离日常存在，我们同一性的形成和维持，仍贯串我们生活的始终，依然是对话性的。

下面我想指出，这个核心事实在正在成长的本真性文化中已经得到承认。但我现在想做的是，一方面采纳我们境况的这个对话性，另一方面采纳在本真性理想中固有的某些要求，并且表明当代文化的更以自我为中心的和“自恋的”模式显然是不充分的。更特别的是，我想表明，就（a）我们与他人之间的纽带的要求，和（b）任何种类的、来自多于或异于人类欲求或渴望的东西的要求而言，选择了自我实现的那些模式是自拆台脚的，这些模式摧毁了实现本真性本身的条件。我将用相反的次序讨论这些问题,从（b）开始，从作为一个理想的本真性自身的要求开始进行论证。

（1）当我们理解了何为定义自己，确定了我们的原发性取决于什么之后，我们看到，我们必须将自己对重要东西的某种感觉当作背景。定义自己意味着找到我与他人差异中的重要东西。我可能是唯一的头上恰好有 3732 根头发的人，或者刚好与西伯利亚平原上的某棵树高度相同，但这又怎么样？如果我开始说我定义自己，是通过我准确表达重要真理的能力，是通过我无与伦比的弹钢琴的能力，或者是通过我复兴先辈传统的能力，那么我们就在自我定义的可承认的范围之内。

这个差别是清楚的。我们立刻就明白，后种特性具有人类重要性，或者能容易地被人们看到具有这种重要性，而前种特性不是这样——也就是说，没有什么特殊的故事。或许 3732 这个数字在某个社会是个神圣的数字；那样，具有这个数量的头发可以是重要的，但是我们触及它是通过将它与神圣的东西联系起来。

我们在第二章中看到当代本真性文化是如何滑向柔性相对主义的。这进一步助长了一个一般的、关于价值的主观主义的假定：事物自身并不具有重要性，它们有重要性，是因为人们认为它们有——似乎人们能够确定什么是重要的，或者通过决定，或者（或许不知情地和不情愿地）仅仅通过那样感觉。这种看法是疯狂的。我不可能决定最重要的行为如同在热泥浆中搅动我的脚趾。没有一个特殊的解释，这就不是一个可以理喻的主张（像上面的3732根头发那样）。所以，我不知道如何理解某个宣称感到如此的人。这样讲的人，他的意思能是什么呢？

但是，如果仅当有一个解释时这样讲才有意义的话（或许泥浆是世界精神的元素，你用脚趾与之联系），那么它对批评是开放的。如果解释是错误的、不成功的，或者可以被一个更好的说明代替，那怎么办呢？你那样感觉永远不是守住你的立场的充分理由，因为你的感觉不可能确定什么是重要的。柔性相对主义是自毁性的。

事物具有重要性是针对一个可理解的背景而言的。让我们称这个背景为视野（horizon）。那么，如果我们要有意义地定义我们自己，我们不能做的一件事情就是隐埋或否认事物对我们而言赖以取得重要性的那些视野。这是一种自挖墙脚的动作，在我们的主观主义文明里被频频采用。在强调某些可能之间的选择的合法性时，我们常常发现我们使那些可能的选择丧失了重要性。例如，有一些为非标准的性倾向做辩护的讨论。人们想要论证，异性一夫一妻制不是唯一的实现性满足的方式，那些倾向于（例如）同性关系的人们，不应该感到自己的做法少有价值。这很符合对本真性的当代理解，对差异、原发性等概念的理解，以及对多样性之接受的理解。下面我将对这些关联做进一步的说明。但是，无论我怎么解释，清楚的是，“差异”“多样性”（甚至“多文化主义”）的修辞法，处于当代本真性文化的核心。

但是，在某些形式中，这个讨论滑向对选择本身的肯定。所有可能的选择都同样有价值，因为它们是被自由地挑选的，并且正是选择带来了价值。作为柔性相对主义的基础的主观主义原则在这里起作用。但这隐秘地否认了一个预先存在的、有关重要性的视野的存在。而在这里，在选择之前，某些事物是有价值的，另一些有较少的价值，更有一些事物根本无价值。但另一方面，性倾向的选择失去了任何特别的重要性。它与任何其他的偏好处在一个层次上，像对高的或矮的性伴侣的偏好，对金发碧眼型或浅黑型妇女的偏好一样。没有任何人梦想对这些偏好做出高低之辨，但那是因为它们都不具有重要性。它们确实依赖于你的感觉。一旦性倾向被看成与这些偏好相同（当人们将选择变成决定性的辩护理由时，事情就是这样），最初的目标，即断言这个倾向的同等价值，就微妙地受挫了。被如是坚持的差异变得无关宏旨。

有人可能说，对同性倾向的价值的坚持，必须以不同的方式、更经验性地进行，将同性和异性经验和生活的实际性质考虑进来。根据“凡我们选择的皆是对的”的观点，它不可能只被假设为先天的。

在这种情况下，由于与另一个显赫的观念的关联，它受到了玷污，我在前面已经提及了这个与本真性紧密交织的观念，那就是，自决的自由。这部分地引起把选择作为一个决定性的考虑来强调，也引起滑向柔性相对主义。我在下面讨论本真性的目标如何变质时，将会回到这一点上。

但此时，一般的教训是，本真性是不可能以瓦解关于重要性的视野的方式得到捍卫的。即便是我的生活的意义来自它之被选择这个想法（这就是本真性实际上基于自决自由的一个情形），也要依赖这样一种理解：独立于我的意志，存在着某种崇高、无畏，因此重要的事物塑造了我自己的生活。在自我创造与自暴自弃、随波逐流、人云亦云等更容易的生活模式之间选择前者，这个选择之中存在着某种人类应该是什么样的图景，这一图景被视为是真实的，是被发现的，而不是被决定的。视野是给定的。

但另外，这种支撑选择的重要的、最低程度的给定性，作为一个视野是不充分的，如同我通过性倾向的例子看到的那样。像约翰·斯图亚特·密尔（John Stuart Mill）在《论自由》（*On Liberty*）[5]中指出的那样，我的生活是被选择的，这一点可能是重要的，但是，除非某些选择比别的更有意义，否则，自我选择这个观念就流于浅薄，并由此而不自恰。作为理想的自我选择之所以有意义，仅仅是因为某些议题（issues）比其他的更加重要。我不能只是因为选择了牛排和薯条而不是拨丁（poutine）当午餐，就宣称自己是一个自我选择者，并且使用关于自我形成的一整套尼采式的语汇。什么问题是重要的，并非我来决定。如果是由我来决定，那么任何问题都不重要。如此一来，作为道德理想的自我选择的理想就是不可能的。

所以，自我选择的理想假定了在自我选择之外还有其他重要问题。这个理想不可能是独立的，因为它要求一个关于重要问题的视野，这个视野帮助我们定义在哪些方面自我形成是重要的。依照尼采，如果我重新制作了价值表，那么我确实是一个真正伟大的哲学家。但这意味着重新定义与重要问题相关的价值，而不是重新设计麦当劳的菜单，或明年的便装。

寻求生活中的意义、试图有意义地定义自己行为的人，必须存在于一个有关重要问题的视野之中。这就是当代文化模式中的自挖墙脚之处，这些模式关注自我实现，与社会或大自然的要求相对立，将历史和团结拒之门外。像布鲁姆所说的那样，这些自我中心的“自恋主义的”形式实际上是肤浅的和琐碎的，它们是“平庸的和狭隘的”。但与其说是因为它们属于本真性文化，毋宁说，那是因为它们悍然罔顾本真性的要求。将自我之外的要求拒之门外恰好就是隐埋重要性的条件，并由此招致了琐碎化。在人们正在这里寻求一个道德理想的意义上，这种自我闭塞是自愚的；它摧毁了能够实现这个理想的条件。

换言之，我只能针对那些要紧的事物的背景来定义我自己。但是，排除历史、自然、社会、团结要求，排除在我之外的每件东西，就会消灭一切要紧事物的候选者。仅当我存在于这样一个世界里，在其中，历史、自然的要求、我的人类同伴的需求、公民职责、上帝的号召，或其他这类东西决定性地要紧，我才能为自己定义一个非琐碎的同一性。本真性不是超越自我之外的要求的敌人；它以这些要求为条件。

但是，如果是这样，的确有某些东西你可以讲给那些深陷于本真性文化的更琐碎的形式中的人听。理性并不是无能为力的。当然，我们还没有走很远；仅仅是表明了某些自我超越的议题是不能撇开的［上面的问题（b）］。我还没有表明具体哪一个议题必须得到严肃的对待。到目前为止，我的论证只是一个轮廓，我希望在下面的章节中将这个论证展开（一点）。但现在我想转到另一个问题（a），在一个否认我们与他人的纽带的满足模式中，是否有自挖墙脚的地方。

第五章 对承认的需求

（2）对当代本真性文化的另一个常见的核心批评，是它鼓励了对自我实现的纯个人的理解，这使得人们进入的种种联合体和共同体，就其实质而言，成为纯粹工具性的。在更宽广的社会层面上，这与任何对一个共同体的强承诺是对立的。尤其是，它使得政治公民身份，及其包含的对政治社会的义务和忠诚的含义，越来越成为边缘性的。[1]在更本质的层面上，它培养了一种关系观，按照这种观点，人类关系应该有利于个人实现。关系是次要于搭档者的自我实现的。根据这个观点，绵延终生的无条件的纽带，是没什么意义的。如果一种关系继续服务于其目的，它可能会持续至死，但先验地宣称它应该如何是无意义的。

这种哲学在 20 世纪 70 年代中期的一本书中被详细地叙述了：“当你在中年旅程中出发时，你不可能将一切带在身上。你正在远行。远离制度的要求和他人的纠缠。远离外在的评说和鉴定。你在脱离角色和走进自我。如果在这段旅程中我能给每个人一份送别礼物，它将是一顶帐篷。一顶临时帐篷，这样的礼物是便携的生命之根……我们每个人都有再生的机会，本真唯一的，具有一种扩大了的爱自己和拥抱他人的能力……自我发现的快乐总是常伴左右。尽管爱人在我们的生活中来来去去，爱的能力却长存。”[2]

本真性似乎在这里以一种集中于自我、使我们远离与他人的关系的方式，再一次被定义。这一点已经被我上面引用的批评家们利用。人们能用理性谈谈这个问题吗？

在勾勒论证的方向之前，重要的是看到，本真性理想包含了某些社会概念，至少包含了关于人们应该如何生活在一起的观念。本真性是现代个人主义的一面，不同形式的个人主义的共同特点是，它们不仅强调个人自由，而且提出社会模型。混淆了我在前面区分的个人主义的两个非常不同的意义时，我们就看不到这一点。失范的和崩溃的个人主义当然没有与任何社会规范挂钩；但作为道德原则或理想的个人主义，必须提出某个关于个人如何与他人一起生活的观点。

所以，伟大的个人主义哲学家也提出了社会模型。洛克的个人主义给了我们社会作为契约的理论。后来的形式与人民主权的观念相联系。两种社会存在的模式十分明显地与当代自我实现文化相关联。第一种建立在普遍权利的观念的基础上：每个人都有权利和能力成为自己。这就是作为一个道德原则的柔性相对主义的基础：没有人有批评另一个人的价值的权利。这使得那些深受这种文化的影响的人趋向程序正义的观点：对任何人的自我实现的限制，必须是对他人的这种实现的平等机会的保护。[3]

第二种模式着重强调私人领域里的关系，特别是爱的关系。这些关系被看成自我探索和自我发现的主要落脚点，处于那些最重要的自我实现的形式之中。这个观点反映了一个趋向在当代文化中的连续性。这个趋向到现在有数百年历史，它把美好生活的中心，不是放置在某个更高的领域里，而是放置在我所谓的“日常生活”里，那就是，生产和家庭生活，工作和爱情生活。[4]它也反映了别的重要的东西：认识到我们的同一性要求他人的承认。

我在前面写道我们的同一性是在与他人的对话中，是在与他们对我们的承认的一致或斗争中形成的。在一种意义上，我们可以说，这个事实在其当代形式中的发现和阐明，是在与发展中的本真性理想的密切联系中产生的。

我们可以区分两个变化，它们共同使得当代对同一性和承认的全神贯注变得不可避免。第一个变化是社会等级结构的崩溃，这些等级结构曾经是荣誉的基础。我正在旧制度的意义上使用“荣誉”一词，在此意义上，荣耀内在地与不平等相关联。如果某些人要获得这个意义上的荣誉，至关重要的是并非每个人都能获得它。孟德斯鸠在其对君主制的描述中就是这样使用的。荣誉从根本上讲是一件“偏爱”（préférences）的事情。[5]当我们谈到通过给予某人公共奖赏，比如说加拿大勋章，来给某人荣誉时，我们也是这样使用的。很清楚，如果明天我们决定给每位加拿大成年人一枚，这就变得没有价值。

与这种荣誉观念相对立，我们有现代的尊严观念；在我们谈论内在的“人类尊严”或公民尊严的地方，我们现在是在普遍的和平等的意义上使用它。这里作为基础的前提是，每个人都享有它。[6]这个尊严的概念是与民主相容的唯一的概念，旧式的荣誉概念被边缘化是不可避免的。但是，这也意味着，各种形式的平等承认对于民主社会已然是至关重要的。例如，每个人都应该被称为先生、太太或小姐，而不是有些人被称为大人或夫人，其他人仅仅被直呼姓氏，或者甚至更贬损地被直呼其名，在某些民主社会里，如美国，这样做被认为是很关键的。更近些时候，太太和小姐的称呼已经折叠成女士（**Ms**）。民主已经被引入平等承认的政治之中，这个政治这些年里采取了不同的形式，现在已经以要求文化和性别平等地位的形式卷土重来。

但是，对伴随着本真性理想出现的同一性的理解，已经修改和强化了承认的重要性。这也部分地成为等级社会衰落的一个支流。在那些早期社会里，我们现在称之为一个人的同一性的东西大都是由他或她的社会地位决定的。那就是，在极大的程度上，他或她在社会中的位置，以及与此相连的角色或活动，决定着理解此人认为什么是重要的背景。民主社会的到来并不能独力驱除这些，因为人们仍然以他们的社会角色来定义自己。但是，给予这种社会派生的身份辨别以决定性破坏的，是本真性理想自身。当这发生时，例如就赫尔德来说，本真性理想号召我去发现自己的原发的存在方式。按照定义，这不可能是社会派生的，而必须是内在生成的。

当然，像我在前面试图论证的那样，内在生成这种事情，如果理解为独白式的，则是子虚乌有。我对我的同一性的发现，并不意味着我独自创造了它，而意味着，我通过与他人的、部分公开、部分内化的对话，订立了这个同一性。这就是为什么内在生成同一性之理想的发展，赋予了承认一种新的和关键的重要性。我自己的同一性根本上依赖于我与他人的对话关系。

我的意思不是说，这种对他人的依赖是与本真性同时出现的。某种形式的依赖总是在那里。社会地派生出的同一性就其本质而言是依赖于社会的。但在更早的年代，承认从没作为一个问题出现。社会承认被嵌进社会地派生出的同一性，是基于这样一个事实：它是建立在每个人认为理所当然的社会范畴上。关于内在地生出的、个人的、原创的同一性，情况是，它并不先验地享有这种承认。它不得不通过交流来赢得承认，而且它可能失败。与现代岁月一起出现的，不是对承认的需求，而是这可能失败的条件。这就是为什么这种需求第一次得到认识。在现代之前，人们并不谈论“同一性”和“承认”,并不是由于人们没有（我们称为的）同一性，也不是由于同一性不依赖于承认，而是由于那时它们根本不成问题，不必如此小题大做。

无须惊奇的是，我们可以在卢梭那里发现某些关于公民尊严和普遍承认（尽管不是用这些词语）的新思想，卢梭是现代关于本真性的讨论的先驱之一。他是等级荣誉或特权的尖锐批评者。在《论人类不平等的起源和基础》的一个重要段落中，他准确地指出，一旦社会转向腐败和不公，人民开始要求优待性的尊重，这个时刻就是致命的。[7]相反，在所有人都能平等分享公共注意力的共和社会里，他看到了健康的源泉。[8]但是，早期给予承认的论题最有影响的处理的，是黑格尔。[9]

承认的重要性现在以这种或那种形式得到普遍的承认；在私人层面上，我们都意识到同一性何以在我们与重要的他人之间的联系中形成或扭曲。在社会层面上，我们有持续的平等承认的政治。两者都是由成长中的本真性理想形成的，承认在围绕它出现的文化中起着根本性的作用。

在私人的层面上，我们可以看出，一个原发的同一性需要多少东西，它多么受制于重要的他人给予或扣压的承认。毫不奇怪，在本真性文化中，关系被看作自我发现和自我认定的关键所在。爱的关系，不仅仅由于在当代文化中一般地强调日常生活的满足，才是重要的。而且，由于这些爱的关系是内在生成的同一性的熔炉，它们才是至关重要的。

在社会层面上，同一性形成于开放的对话中，而不是由预定的社会脚本所塑造的，这样一种理解已经使得平等承认的政治更为核心和急迫。事实上，其利害关系已经显著深化了。平等承认不仅仅是健康的民主社会的适当模式。根据一个普遍的现代观点，拒绝平等承认能够危害那些被剥夺了这种承认的人。将一个低级或贬损的形象投射到另一个人身上，如果这个形象到了进入人心的地步，那么实际上能够成为歪曲和压迫。剥夺承认可以是一种形式的压迫，这个前提不仅支撑了现代女权主义，而且支撑了种族关系和多文化主义的讨论。这个因素是否被夸大是可以质询的，但清楚的是，对同一性和本真性的理解已经将一个新维度引入平等承认的政治之中，至少就谴责他人引起的歪曲而言，平等承认的政治现在大约在跟其自身的本真性观念并肩作战。

依照前两个世纪一直在发展的对承认的理解，我们可以看到为什么本真性文化逐渐推崇我前面一起提到的两种生活模式：(1) 在社会层面上，关键性的原则是公平原则，它要求每个人都有平等的机会去发展自己的同一性，这些机会包含——像我们现在可以更清楚地理解的那样——对差异的普遍承认，无论采用什么模式都与同一性相关，无论这些模式是性别的、种族的、文化的，还是与性倾向有关的；(2) 在私人层面上，形成同一性的爱的关系是重中之重。

我在这一节中用来开篇的问题，或许可以用这种方式表述：一种将我们的联合体只当作工具、只关注自我的生活模式，能够依照本真性的理想得到辩护吗？现在我们或许能够重新表述这个问题，那就是问一问，这些为人喜爱的共同生活模式，是否容许这种无所归附的存在方式。

(1) 在社会层面上，答案看起来像是一个清楚的“是”。对差异的承认似乎要求的一切，是我们接受某种程序正义原则。它并不要求我们承认对一个公民共和国或任何其他形式的政治社会非常忠诚。我们可以“潇洒自如”(hang loose)，只要我们平等对待每个人。实际上，甚至可以论证，任何一个建立在某个强共同善观念之上的政治社会，经由这个事实，本身就赞同某些人（支持其共同善观念的人）的生活，不赞同其他人（寻求其他形式的善的人）的生活，因此，这个社会否认了平等承认。我们看到，像这样的想法，是中立自由主义的基本前提，今天有大量支持者。

但这过于简单。牢记上一节的论证，我们不得不问，真正承认差异到底意味着什么？这意味着承认不同存在方式的平等价值。承认的政治所要求的，正是这种对平等价值的承认。但是，价值平等的基础是什么？我们在前面看到，仅有人们选择不同的存在方式这个事实，还不能使得它们平等；人们碰巧在这些不同的性别、种族、文化中发现自身这个事实，也不足以使它们平等。仅有差异本身，还不能成为平等价值的基础。

如果男女是平等的，那么这不是因为他们是有差别的，而是因为某些有价值的属性——共同的或互补的——压倒差异。他们是有理性、爱、记忆，或者对话承认能力的存在者。在相互承认差异的基础上走到一起——那就是，承认不同同一性的平等价值——要求我们共享比单单相信这个原则还要多的东西；我们也必须共享某些证明这些同一性是平等的价值标准。必须有某个关于价值的实质性的一致意见，否则，平等的形式原则将是空洞虚伪的。我们可能对平等承认嘴上说得好，但是，除非我们共享更多的东西，否则我们并不真正共享一个对平等的理解。承认差异，像自我选择一样，在这个情形下，要求一个关于重要性的视野，一个共享的视野。

这并不表明我们必须属于一个共同的政治社会；否则，我们就不可能承认外人。它本身也不表明我们必须把我们所处的政治社会看得很重。我们需要填入更多的东西。但是，我们已经看到这个论证可以如何进行：发展和培养我们之间价值的共性如何变得重要，我们这样做的关键方式之一，就是共享一个参与式的政治生活。承认差异的要求本身就会带我们超越单纯的程度正义。

（2）怎么处理我们的关系？我们能将它们看作满足的工具，进而看作基本上暂时性的吗？这里的答案容易些。如果它们也将形成我们的同一性，答案当然是“不”。如果这些强烈的自我探索关系将形成同一性的，那么它们就不可能是暂时性的——尽管它们事实上，唉，可以破裂——它们也不可能只是工具性的。同一性事实上的确在变化，但是，我们将它们构成一个已经生活了一部分并将完成整个生活的人的同一性。我并不为“1991 年的我”定义一个同一性，而是试图将意义赋予我已经经历了的生活和我将以之为基础进一步计划的生活。原则上，我定义的那些同一性的关系，不能预先被当作可有可无的和注定带有压迫性的。如果自我探索采取的形式是这种一段接一段的临时性的关系，那么，我在探索的不是我的同一性，而是某种形式的享乐。

依照本真性的理想，仅仅享有工具性的关系似乎是以自愚的方式行动。认为一个人可以以这种方式追求自我实现，似乎是一个错觉，就有点像认为，一个人无须承认一个超越选择的重要性视野，就能够选择自己。

无论如何，这就是这个非常粗略的论证所要表明的。我不能说我已经在这里确立了牢固的结论，但我希望我已经做了一些事情以表明，理性论证的范围比我们常常设想的要宽广得多，因此，对同一性源泉的这个探讨是有意义的。

第六章　滑向主观主义

至此，我已经提出了一种考察所谓“自恋文化”的方式。自恋文化是这样一个观点的弥散：将自我实现作为生活的主要价值，并且似乎很少承认外部道德要求和对他人的严肃承诺。自我实现的概念在这两个方面显得非常以自我为中心,因此有“自恋主义”一说。我说的是，我们应该将这个文化看作部分反映了一种伦理志向，本真性理想，一个本身并不认可其自我中心模式的理想。反过来，按照这个理想，这些模式看起来像是变质的和琐碎的模式。

这个看法与其他两个考察这个文化的通常做法形成对照。这两个做法将这个文化看成，或者（a）实际上是被自我实现的理想武装的，但这个理想被理解为，与其产生的实践一样，都是以自我为中心；或者，（b）仅仅是自我放纵和利己主义的表达，那就是，根本不受任何理想的驱动。实际上，这两个看法殊途同归，合而为一，因为（a）所假设的理想低到和自我放纵到与（b）实在难分轩轾。

现在，（a）实际上假设，当人们提出一种非常自我中心的自我实现形式时，他们对前两节中的考虑是无动于衷的；或者是因为他们的志向与我一直在追踪的本真性理想毫不相干，或者是因为人们的道德观点无论如何是独立于理性的。你可以设想他们无动于衷，要么是因为你认为本真性本身是一个很低的理想，一个薄施脂粉的、对自我放纵的吁求；要么是因为无论当代理想的性质是什么，你坚持一种主观主义观点，将道德信念只当作理性不可能改变的欲念投射。

无论怎样，(a)，当然更有(b)，两者把自恋主义文化描绘得平静自如，因为按照任何解读，这个文化理论上是怎样的，实践上也正好是怎样的。它符合自身的志向，因此对论证无动于衷。相比之下，我的观点表明它充满了张力，它实践着一个没有被完全理解的理想，这个理想如果得到适当的理解，将会改变其许多实践。对那些实践着这个理想、共享人类境况的人，可以提醒他们，我们的境况有一些特点表明这些实践是有疑问的。自恋主义文化实践着一个它正在全方位地堕落于其下的理想。

但是，如果我是对的，那么这个事实就需要解释。为什么自恋主义文化跌落在它的理想之下？什么使得本真性的伦理易于蜕变为这样琐碎的东西？

当然，在一个层面上，采纳更自我中心的形式的动因是足够清楚的。我们与他人的纽带，还有外部道德要求，可能容易与我们的个人发展相冲突。前程之要求可能与我们对家庭的义务不相容，或者与对某个更广的事业或原则的忠诚不相容。如果一个人能忽略这些外部约束，生活似乎就能容易些。实际上，在某些场合人们奋力去定义一个脆弱的和冲突的同一性之时，忘却这些约束似乎是唯一的生存之道。

但是，这种道德冲突大概总是会存在。需要解释的是这些外部约束可被解除或简化时的那种相对较大的轻松劲。我们的祖先曾经处于类似的自作主张之路上，他们可能自我忏悔地受到一种不可动摇的罪恶感的折磨，或者至少受到违抗合法秩序的感觉的折磨，而在这一点上，许多当代人在对自我发展的一心一意的追求中像是怡然自得。

对此现象的部分解释存在于社会领域里。我在第二章中提到从社会变化推导出的对现代文化的说明。尽管我认为任何简单的单线条解释不可能说得通，但很清楚，社会变化与现代文化的形成有极大的关系。某些思维和感受方式可能促进了社会变化，但是，当社会变化在巨大的范围内发生时，它能够加固这些思维感觉方式，并使得它们看起来是不可避免的。

各种形式的现代个人主义无疑就是这种情况。个人主义思想，是在17世纪的思想和感受中，特别是在受过教育的欧洲人的思想和感受中，发展起来的。这些个人主义思想似乎促进了对古代等级制度形成挑战的新政治形式的发展，促进了新经济生活模式的发展，这些新政治形式和经济生活模式给予市场和企业更大的空间。但是，一旦这些新形式到位，并且人民在其中成长起来，那么，这种个人主义就被极大地强化了，因为它根植于他们的日常实践之中，根植于他们谋生的方式，根植于他们在政治生活中相互关联的方式。它最终似乎成为唯一可想象得到的景象，而对于首创它的先辈们而言，它不是这样的。

这种加固过程可以帮助我们解释本真性文化中的这种滑落。像我们看到的那样，自我中心的形式在两个方面是变质的。它们倾向于将满足感集中在个人身上，使得他或她的周遭人士成为纯工具性的；换句话讲，它们扑向社会原子论的怀抱。它们倾向于将满足感仅仅看成是自我的，忽视或者弱化来自我们自己的欲望和志向之外的要求，不管这些要求来自历史、传统、社会、自然，还是上帝；换言之，它们培养了一种激进的人类中心论。

不难看出这两种立场是如何在现代工业社会里得到巩固的。自其开端起，这种社会就一直带有流动性，首先是农民离开土地，涌进城市，然后穿越海陆到达新土，最后，今天依照求职机会从城市到城市，流动性在某个意义上是强加在我们身上的。旧的纽带被斩断了。同时，现代都市人口的高度集中改变了城市居所。这必然带来更多的缺少人情味的和随随便便的交往，以代替从前那些更浓厚的、面对面的关系。所有这些不得不产生使社会原子论变得越来越坚固的文化。

此外，我们的技术统治、官僚统治社会给予工具理性越来越大的重要性。这必然助长了原子论，因为它诱导我们用工具的眼光看待我们的共同体，就像看待其他事物一样。但是，在使得我们对生活和环境的所有方面——过去、自然，以及社会安排——采取工具立场的过程中，它也滋生了人类中心论。

因此，对本真性文化中的变质的一部分解释，要追溯到这样一个事实，即，这些是在一个工业-技术-官僚统治的社会里被实践着。事实上，在人类潜能运动[*]的各个方面，外在理性的掌握在许多方面都是显而易见的，人类潜在运动的主体性目的是自我实现，以达到心理的整合和心灵的平静。尽管自始至终，自我满足的目标一直被理解为是与单纯工具控制的目标相对立的，快速搞定的梦想仍无处不在。一种轻松洒脱的快速搞定技巧是终极矛盾。

但是，社会设置并不提供所有的方案。也有一些理由内在于促进这种滑落的本真性理想之中。事实上，不仅仅只有一个滑落，而是两个；它们具有复杂的十字交叉关系。

第一个滑落是我一直在讨论的，即在我们时代的

---

* 人类潜能运动（Human Potential Movement）最初是心理学中的某种主张，由美国心理学家墨菲(Michael Murphy)、罗洛·梅(Rollo May)，以及国人熟知的人本主义心理学家马斯洛、罗杰斯等于二十世纪五六十年代前后发端。该运动相信人类具有尚未得到充分开发的潜在能力，主张在心理治疗中采取积极的做法，开发这种潜能。有的信奉者甚至认为可以经由开发人类潜能促使社会变革。其发源地是美国的加利福尼亚州，因为和六十年代的青年反文化运动以及形形色色的神秘主义学说（比如东方禅宗和印度瑜伽）相契合，造成了巨大影响，至今仍有大量实践者。人类潜能运动极大地影响了西方，尤其是美国大众文化的方方面面，其对各种心理治疗技术的热衷在如今被正统学院派学者蔑称为“大众心理学”（folk psychology）的各色自助励志（self-help）流行学说中均有遗存。

大众文化中，滑向自我实现理想的自我中心模式。第二个是一个“高”文化运动，滑向一种虚无主义，一种到今天已经进行了一个半世纪之久的、对所有重要性视野的否定。主要人物是尼采（尽管他在不同的意义上使用“虚无主义”一词，指的是某个他反对的东西），尽管其 20 世纪样式的根源也可以在被诅咒的诗人*的形象中和波德莱尔（Baudelaire）那里找到。这条思路的诸方面在几股现代主义中找到表达，它已经出现在今天被称为后现代主义者的那些作家之中，例如雅克·德里达（Jacques Derrida）和米歇尔·福柯（Michel Foucault）。

这些思想家的影响是悖论式的。他们将对我们日常范畴的尼采式的挑战，带到甚至“解构”本真性理想和自我概念的地步。但事实上，将一切“价值”看作被创造的这种尼采式批判，必然会提升和加固人类中心论。最终，它给行动者留下一种不受束缚的力量和自由感，去面对一个不设立任何标准的世界，即便

* “被诅咒的诗人”(poète maudit)，典出法国象征派诗人魏尔伦(Paul Marie Verlaine, 1844—1896) 发表于1884年的一篇论文《被诅咒的诗人》(“Les Poètes maudits”)，一般指不墨守成规，具有创新精神，却又一时得不到理解的诗人。

他或她对“自我”这样的范畴抱有种种怀疑，这样的行动者已经准备好享受“自由游戏”（free games）[1]，去沉浸在一种自我的美学之中。[2]随着这种“更高的”理论渗入本真性大众文化中——例如，我们可以在处于这两种文化交汇处的学生中看到这一点——它进一步强化了自我中心的模式，更为其添上一种貌似源自更深刻的哲学辩护的光彩。

然而，我要说，所有这些都是出自与本真性理想相同的源泉。怎么可能是这样？米歇尔·福柯在晚年的一次采访中对审美的援引，给我们指出了正确的方向。但是，为了让这些联系更具可理解性，我不得不引入现代个人主义的表现方面。

我们每个人都有一个原发的做人方式，这个观念蕴涵着每个人必须发现自己之所是。但是，依前提，这项发现不可能通过查询以前存在的模式来做出。所以，做出这项发现只能通过重新阐述它。我们发现我们以之所成为的东西是通过变成那个生活模式，通过用言行表达什么是我们身上原发性的东西。启示来自表达，这一观念就是我在讨论现代个人概念的“表现主义”*时所要抓住的东西。[3]

这立即表明了自我发现和艺术创造之间的一个贴切类比，甚至一个联系。借助赫尔德以及对人类生活的表现主义理解，这个关系变得非常亲密。艺术创造变成人们据以达到自我定义的典型模式。艺术家，作为原发的自我定义的行动者，以某种方式变成人类的典范。大约从1800年起，一直有一个倾向，那就是将艺术家英雄化，从他或她的生活中看到人类境况的本质，将他或她推崇为发现者、文化价值的创造者。

但当然，一种对艺术的新理解一直与之如影随形。现在更多的是按照创造来理解艺术，而不再主要用模仿——对客观实在的模仿——来定义它。这两种思想走到一起。如果我们通过表达我们在干什么，来变成

* 表现主义（expressivism），以及相关的表现主义转向、表现主义革命都是泰勒独有的用法，源自他的导师以赛亚·伯林，不过伯林原先直接借用艺术上的术语expressionism，后来伯林在致泰勒的一封私人信件中建议改为expressivism，以避免和20世纪的表现主义艺术运动混淆。泰勒对于这一点的交待可见于《黑格尔》（译林出版社，2008年），第17页。伯林将“民粹主义”“表现主义”和“多元主义”视为赫尔德最为主要的观念，他指出，表现主义“这种学说主张一般的人类活动（尤其是艺术）表现了个体或群体的完整个性，人们能够做到什么程度，也就能够对它们理解到什么程度”，参看《赫尔德与启蒙运动》一文，《启蒙的三个批评者》（译林出版社，2014年），第187页。

我们自己，如果我们之所变成的东西按照假定是原发性的，不是建立在以前存在的东西之上的，那么，我们所表达的，就不是对从前存在的东西的模仿，而是一个新创造。我们认为想象力是创造性的。

让我们更仔细地考察这个情形。当我，作为艺术家，通过我的作品，通过我所创造的东西，来发现我自己的时候，这个情形已经成为我们的范式。我的自我发现经历了一次创造，某个原创的和新颖的东西的形成。我锤炼了一种新的艺术语言——新的绘画方式、新的诗格律或形式、新的写小说的方式——通过它并只通过它，我变成我据之而成为的东西。自我发现需要制作（poiēsis）或制造。这将在这种本真性思想进化的方向之一上起关键的作用。

但是，在考察它之前，我想指出我们日常的自我发现思想与创造性艺术家的作品之间的密切联系。自我发现像艺术一样，涉及想象力。我们认为，已经在生活中取得原创性的人们是“创造性的”。我们以艺术的方式描述非艺术家的生活，符合我们视艺术家为自我定义的典型完成者的倾向。

但是，将艺术和自我定义紧紧拉到一起的，还有另一堆理由。不仅两者都涉及创造性的制作。而且，自我定义早就被拿来与道德做对比。有些理论牢牢地将它们约束在一起。卢梭就是这样做的，例如："存在之感受"将使我成为一个完美的道德造物，只要我与之保持充分的接触。但是，很早的时候就可以看出，这并非必然如此。自我真实、接触自我、内部和谐的要求，十分不同于我们被期待去符合的正确对待他人的要求。实际上，原创性这个思想，以及本真性的敌人可能是社会服从这个相连的观念，强加给我们这样的思想：本真性将不得不与某些外部强加的规则做斗争。当然，我们可以相信，本真性与正确的规则是和谐的，但至少很清楚，在对自己真实和主体间正义这两种不同的要求之间，是存在概念上的区别的。

这一点越来越清楚地出现在对本真性要求与审美的密切关联的承认之中。我们非常熟悉这个术语，认为审美无论如何总是人们的一个范畴，只要他们热爱艺术和美。但并非如此，审美的概念出自 18 世纪艺术理解中的另一个类似的变化，与从模仿到创造的模型转换有关。

当艺术被理解为基本上是一种对实在的模仿时，

它可以按照被描绘的实在，或者按照描绘方式来定义。但是，在18世纪里出现了那些主观转向中的另一个，与我在前面与道德感哲学联系起来描述的那个转向类似。艺术与美的特殊性不再按照实在或其描绘方式来定义，而是通过它们在我们身上激起的种种感觉，一种特殊的、有异于道德或他种愉快的感觉来辨别。哈奇逊（Hutcheson）吸收了沙夫茨伯里（Shaftesbury）的思想，再次成为这个思路上的先锋之一，但是，到18世纪末，通过伊曼努尔·康德给出的表述，这个思想才变得著名，甚至变成经典性的。

在康德看来，依照沙夫茨伯里的思想，美涉及一种满足感，但这种满足感不同于任何欲望的满足，甚至不同于形成道德优越性的那种满足。事实上，它是一种自为的满足。美给出了其自身的内在实现，其目标是内在的。

但是，本真性也以一种类似的方式被理解为其自身的目标。如同我描述的那样，它脱胎于对我们的道德要求的重心的转移：自我真实（self-truth）和自我完整（self-wholeness）越来越不被看作做有德之人的手段，不被认为是独立地定义的，而是被看作自身就是有价值的东西。自我完整与审美快要被带到一起，成为一个整体，席勒在他的《美育书简》(*Letters on the Aesthetic Education of Man*)中给了它一个影响极其巨大的表达。[4] 对席勒来说，对美的欣赏给予我们一种统一性和完整性，它们超越了道德和欲望之间的斗争在我们身上产生的分裂。这种完整性不同于道德成就，最后，席勒的意思似乎是，它高于后者，因为它完全吸引住我们，而道德则不能。当然，对席勒而言，两者是相容的，是吻合的。但是，它们快要被对立起来，因为审美的完整性是一个独立的目标，具有其自身的目的、其自身的优点和满足形式。

所有这些在本真性与艺术之间的密切联系上起了作用。这有助于我们解释 18 和 19 世纪里本真性概念的某些发展；特别是，它有助于我们解释本真性的要求如何以种种形式被定调为与道德要求针锋相对的发展过程。本真性涉及原发性，它要求对惯例的反叛。我们容易看到，标准的道德本身如何被看作与沉闷的惯例不可分离。通常理解的道德，明显地包含压制我们的许多基本的和本能的东西，压制我们的许多最深和最强的欲望。所以，将本真性与道德对立起来的追寻本真性的路数发展起来。尼采寻求一种与审美相符合的自我塑造，他认为这是与传统基督教激发的仁爱理论格格不入的。他的思想被种种企图继承和发展，它们捍卫本能的低下状态甚至暴力，对抗“资产阶级的”（bourgeois）秩序伦理。20 世纪的有影响的例子，有各自不同的方式是：马里内蒂（Marinetti）和未来主义者们、安托南·阿尔托（Antoine Artaud）及其残酷戏剧（Theatre of Cruelty），以及乔治·巴塔耶（Georges Bataille）。对暴力的崇拜也是法西斯主义的根源之一。

所以，本真性可以向许多分支发展。它们都是同等合法的吗？我认为不是。我不想说这些恶的使徒完全是错误的。他们可能意识到某个东西，某种包含在本真性思想之内的张力，它可以将我们拉向不止一个方向。但我认为，今天的那些流行的“后现代”变种，试图削弱重要性视野的合法性，如同我们从德里达、福柯及其追随者那里看到的，实际上提出的是变质的形式。这种变化所采取的形式是，忘记一整套对本真性的要求，而只关注另一套要求。

我可以简略地说，本真性（A）涉及（i）创造、构造以及发现，（ii）原创性，以及常常（iii）反对社会规则，甚至潜在地反对我们当作道德的东西。但如同我们所见，本真性（B）也要求（i）对重要性视野的开放（因为，不然的话，创造就失去了将其从琐碎无聊中挽救出来的背景），和（ii）对话中的自我定义。必须承认，这些要求可能是有张力的。但是，简单地让一个要求优先于另一个，例如为（A）而牺牲（B），或者反之，一定是错误的。

这就是时髦的“解构”学说在今天所包含的东西。它们强调（A.i），即表达性语言的建设性和创造性，而同时完全忽略（B.i）。它们紧紧抓住（A.iii）的更极端的形式，创造性的反道德主义，而忽略（B.ii）的对话状况，这使我们与他人结合在一起。

关于这些，有某种不连贯的东西，因为这些思想家，例如，在对创造性的、自我构成的语言力量的理解中，接受本真性的背景观点。这是更超然的、科学主义的人生哲学所不能接受的。但是，他们想要认可这一点，同时忽视它的某些本质成分。

然而，无论对错与否，我们可以看到信奉这种理论的诱惑可能有多大。它隐含在处于本真性理想自身之内的张力中，而此理想处在我已经定出的（A）和（B）两端之间。一旦人们从趋（A）避（B）这个方向进发，某个别的东西就粉墨登场。将价值理解为被创造的，给出了一种自由和权力感。20世纪对暴力的迷恋一直是对权力的狂热。但是，即使采取更温和的形式，新尼采理论还是产生了一种激进自由感。

这就与另一个思想联系起来，如同我已经讲过的，这个思想一直与本真性密切相关，那就是，自决的自由。它们的关系一直是复杂的，既有亲和，又有争执。

它们的亲和是明显的。本真性本身就是一个关于自由的思想；它涉及我对抗外部顺从的要求，涉及对我自己生活设计的发现。它们的联盟的基础是存在的。但这只使得它们的区别更加致命。因为自决自由的概念，推到极端，并不承认任何约束边界，不承认任何给定的、我在行使自决选择时不得不尊重的东西。它可以轻易地倾斜到人类中心论的最极端的形式。当然，它还有一个社会变种，表述在卢梭的《社会契约论》中，并被马克思和列宁以其自己的方式加以发展，明确地将个人依附于社会。但同时，这些变种已经以其无神论、以其甚至超过资本主义社会侵略性的生态侵略性，将人类中心性推到新的高度。[5]

最后，本真性不可能也不应该总是与自决自由并行不悖。这会削弱自己。然而这种诱惑总是可理解地存在的。在本真性基于任何别的理由陷入人类中心论的地方，它们的联盟容易变得有吸引力，变得几乎不可抗拒。这是因为人类中心论通过摧毁一切重要性视野，用意义的丧失和我们处境的无所谓化来威胁我们。在某个时候，我们把自己的处境理解为高度悲剧性的，孤独地处在一个死寂的宇宙中，没有内在意义，被判决要去创造价值。但随后，这个相同的学说，凭其固有的偏好，产生了一个平庸的世界，在这个世界里不存在什么很有意义的选择，因为不存在什么重要的问题。我一直在描述的这些伟大的“后现代”学说的命运，就像它们影响着北美大学一样，说明了这一点。北美的后现代主义比其起源更为平庸，也更为友善。更为平庸，是因为它们最终被用以支持更自我中心的本真性形象；更为友善，是因为它们被用来支持承认差异的要求。在美国大学里，福柯一般被强调地看作左翼人士。在法国就不一定是这个情况，在德国则更非如此。[6]

在一个意义视野变得更微弱的平庸化的世界里，自决自由的理想逐渐展现出一种更强劲的吸引力。即使其他所有资源消失了，通过让我的生活变成自由的演练，选择似乎可以造就意义。自决的自由部分地是本真性文化的默认解决方案，而同时它是它自己的祸根，因为它进一步强化了人类中心论。这就形成了一个恶性循环，它把我们引到这个地步：我们存留的主要价值就是选择本身。但是，就像我们前面看到的那样，这极大地败坏了本真性理想和与之相联系的承认差异的伦理。

这些就是本真性文化里的张力和弱点，它们与一个正在原子化的社会的压力一起，猛然将这种文化抛向其滑落之道。

第七章 继续战斗

我一直在描绘本真性文化的肖像。这种文化，即使是其最“自恋主义”的变体，也是由本真性理想所推动的，这个理想只要加以适当理解，就可以对其当代文化形式做出批判。它是一个受害于内部构成性张力的文化。这就与一种普通的观点形成对比，后者将自我实现的更自我中心的形式，仅仅看作自我放纵的利己主义的产物，或者充其量，看作被一个比最不可取的实践好不了多少的理想所驱动的。

为什么要坚持我的看法？第一个理由是，在我看来它是对的。这个理想在我看来仍活跃在我们的文化之中，而这个张力似乎还存在着。但是，如果我的看法是正确的话，我们行动的后果会是什么呢？用我提出的方法看事物，会走向一个对待这个文化的十分不同的立场。如今有一种常见的立场，尤其是在像布鲁姆、贝尔和拉西这样的批判家之中，轻蔑地认为自我实现的目标在一定方式上受到了利己主义的败坏。这很容易导致将本真性文化一棍子打死。换句话说有些人深深“扎进”这个文化里，对他们而言，事情怎么样都行。我在这里表明的观点不导向上面的任何一方。我的观点表明，我们从事的是挽救性的工作，我们辨别和阐述多少有些低级的实践背后的更高的理想，然后从其自身的动因性的理想的观点批评这些实践。换句话讲，我们不全盘抛弃这个文化，也不原封不动地同意它，我们应该试图通过使其参与者更明了他们所赞同的伦理涉及什么，来提升这个文化的实践。

这意味着我们要投身于一个规劝工作。如果你采纳其他观点中的任何一个，这个工作就看起来既不可能，也不合意，但是，按照我一直在捍卫的观点，这是唯一适合的策略。任何文化领域都有斗争；持有不同和不相容观点的人们互相竞争、批评、指责。就本真性文化而言，拥护者和反对者之间已经在进行着战斗。我想表明，这个斗争是一个误会，双方都错了。我们应该正在做的是，围绕本真性的意义进行战斗，从这里发展起来的观点看，我们应该试图规劝人们，自我满足远远不是排除自我之外的无条件的关系和道德要求，实际上在某个形式中还要求这些东西。斗争不应该是对于（over）本真性的，无论赞成或反对，而应该是关于（about）它的，定义其准确意义。我们应该努力将这个文化提升回来，使其更接近其驱动性的理想。

当然，所有这些以三件事为条件：我在第二节结尾摆出的三个前提：(1)本真性的确是一个值得信奉的理想；(2)你可以用理性确立其意义；和(3)这种论证在实践中能产生作用，那就是，你不能相信，人们是如此受制于种种制约他们的社会发展，比如说原子主义和工具理性，以致无论你的观点多么有说服力，他们都执迷不悟。

我希望我在前面各节中已经证明(2)是合理的。即使我还没有提出任何无可辩驳的论证，我仍希望，我已经在某个程度上表明如何才能在这个领域里发展出令我们信服的论证。就(3)而言，当每个人都承认我们多么有力地受到工业技术文明制约的时候，那些把我们描绘成完全被禁锢、完全不能改变我们无力打破整个“体制”的行为的观点，在我看来，总是过于夸大其词的。但我想在下一节中更多地谈谈这一点。现在，让我仅仅就(1)，这个理想的价值，说几句话。

在这一点上，我并没有很多新鲜的东西好讲。因为在我看来，这个理想，就像我们从其最丰富的资源中理解的那样，自彰其旨。我将仅仅直截了当地陈述我相信来自这些资源的一个充分阐述（比我在这里能够提供的更为充分）会彰显的东西。[1]

我相信，18 和 19 世纪在准确阐述这个理想的过程中，西方文化已经确认了人类生活的重要潜在性之一。像现代个人主义的其他方面一样——例如，号召我们独自发展自己的观点和信念的那个方面——本真性给我们指引了一个更自负其责的生活形式。它让我们去（潜在地）过一种更充分和更有区别性的生活，因为这种生活更充分地专属于我们自己。危险依然存在，我们一直在探索它们中的某些。当我们屈服于这些危险时，我们可能在某些方面还逊于假如这种文化从来没有发展出来时我们可能的样子。但是，如果处在其最好的状态，本真性容许一个更丰富的存在模式。

但除此之外，我想提出一个诉诸人身的论点。我认为，我们文化中的每个人都感到了这个理想的力量，即使是那些我已经认定为“反对者”的人也不例外：这些人认为自我实现和找自己的道路等整个语言是可疑的，或者是胡说，或者是自我放纵的工具。认为它是胡说的人一般具有一种强硬的、科学主义的对待世界的态度。他们认为应该尽可能地用科学的语言理解人类，他们把自然科学当作模型。所以，在他们看来，关于自我实现或本真性的谈论是含混不清的。其他批评者，如阿兰·布鲁姆，是人文主义者。他们并不持有这种还原的、科学主义的观点，但是，他们似乎将这种语言理解为一种道德散漫的表达，或者至多不过反映了从前在我们文化中占主导地位的更严格的理想的丧失。

然而，很难找到一个我们认为身处社会主流的人，当面临有关前程和关系的生活选择时，会对完善自己、自我发展或实现潜能，或是他们从那些用来阐述这一理想的众多说法中找出的别的用语，完全不屑一顾；他们可能会以其他善的名义压倒这些考虑，但他们会感到这些考虑的力量。当然，也有来自其他文化的移民和仍生活在传统飞地的人们，但是，我们可以按照能否感受到这种或者其他形式的个人主义的吸引力，来从实践上定义西方自由社会的文化主流。实际上，这经常是移民家庭里困难和痛苦的代际斗争的根源，仅仅因为这些个人主义定义了这些家庭的子女们无法避免地要去适应的文化主流。

诚然，这不是一个为这个理想的价值而做的论证。但它应该引起其反对者的某种谦卑。试图铲除它，这种做法是有意义的吗？还是说，在我们的状况下，我在此推荐的策略更有意义，即提倡最佳状态下的这个理想，并努力将我们的实践提升到这个水平？

所以，我的解释为一个十分不同的实践奠定了基础。它在不同于其他两个解释的方向上将我们送上征途。但它也提供了一个十分不同的看事物的角度。实际上，近几十年来，更加以自我为中心的满足形式似乎一直在发展壮大。这就是已经敲响警钟。人们似乎在把关系看成越发可中止的。由于我们的社会里有大量的非婚同居者，离婚率的升高只是部分地指明了关系破裂的增加。更多的人似乎更少地扎根于他们的起源共同体，公民参与似乎也在降温。

现在，如果你认为这代表了今天的新兴一代已经不加疑问地拥护的一组新价值——或更有甚者，如果你认为他们已经赞成放弃传统纽带，使其让位于纯粹的利己主义——那么，你会对未来丧失信心。这种趋势为什么应该逆转，看不出多少道理。如果你将这种变化归咎于我在前面提到的社会因素，像增大的流动性，我们对工作和社会状况（这些工作和社会状况让我们以工具的甚至操纵的态度对待周围的人们）越来越多的投入，那么，你的失望将会增强。因为这些趋势似乎注定是要继续下去的，在某些情况下甚至还会强化。所以，未来似乎只有自恋主义的水平不断提高的指望了。

如果你按照本真性伦理来看待这些发展，角度就不同了。因为那样它们就不只代表一种当事人不加疑问的价值转向。反过来，你将新的、自我中心的实践视为一个根深蒂固的张力之所在。这个张力来自认识到本真性的理想实际上并没有被完全满足。在人们试图说明实践的不足并批评它的地方，这个张力可以变成一场战斗。

从这个角度看，社会不只朝一个方向运动。张力和战斗的事实意味着社会可以朝任何一个方向发展。一方面是所有的社会因素和内在因素，把本真性文化下拉到其最自我中心的形式；另一方面是这个理想的固有的目标和要求。能向后退也能前进的战斗打响了。

这可能作为好消息，也可能作为坏消息出现。对任何希望明确解决的人来说，这是坏消息。我们永远不可能回到这些自我中心模式吸引和诱惑人们之前的时代。像一切形式的个人主义和自由一样，本真性打开了一个责任化（responsibilization）的时代，如果我可以使用这个术语的话。依据这个文化发展之事实，人们被迫承担更多的自我责任。正是在这种自由度的增长的本性之中，人们可以更堕落，也可以更升华。没有东西将担保一种系统的和不可逆转的蓬勃向上。

这是种种革命运动（例如马克思主义运动）的梦想。一旦消灭了资本主义，那么只有现代自由的伟大的和美妙的果实才会成熟；弊端和变异的形式将会消失。但是，在一个自由社会，这个梦想是不可能这样实现的，这个自由社会同时给予我们最高形式的自负责任的道德精神与承诺，以及（比如说）色情制品这样最低劣的形式。此前信奉马克思主义的社会主张色情制品只是资本主义的反映，这个主张现在已经被表明不过是空洞的自夸。

所以，这也可能作为好消息出现。如果最好的东西不可能明确地担保，那么衰落和浅薄也不是不可避免的。一个自由社会的本性是，它将总是较高形式和较低形式的自由之间的战场。没有一方能消灭另一方，但是战线是可以移动的，不可能确定地移动，但至少某些时候对于某些人，以这种或那种方式，战线移动是可能的。通过社会行动、政治变革和赢得人心，较好的形式至少可以暂时发展壮大。在某种意义上，一个真正自由的社会可以把一个口号当作座右铭，它像意大利红色旅这样的革命运动在一个十分不同的意义上提出“继续战斗”（la lotta continua），斗争在继续——事实上，永远继续。

因而，我所提出的视角十分明确地与近几十年成长起来，并在布鲁姆和贝尔等人的著作中得到滋养的文化悲观主义进行了决裂。我们时代的类比不是罗马帝国的衰亡，仿佛颓废和滑向享乐主义会使我们没有能力维持我们的政治文明一样。这并不是说某些社会不可能糟糕地滑到异化和官僚统治僵化的方面去。有些社会可能实际上失去了它们的准帝国地位。美国处于遭受这些消极变化的危险之中，这个事实或许已经可以理解地助长了那里的对文化悲观主义的坚持。[2]但是，美国不是整个西方世界，或许它甚至不应该被看作单个实体，因为它是一个极其多样的社会，是由非常不同的背景和人群构成的。当然，得失都会有，但总体来说，“继续战斗”。

几乎不必多言，我并不是在提出一个与文化悲观主义恰成镜像的观点，一种20世纪60年代流行的文化乐观主义，例如查尔斯·赖克（Charles Reich）的《美国的绿化》（*The Greening of America*）中的乐观主义，它看到了一个出乎自然的、文雅的、友爱的和生态上负责任的文化。这个梦想自然地来自拥护者的歪曲角度，就像悲观主义来自反对者的歪曲角度一样。我想远离这两种观点，不是站在一个中间立场，而是站在一个完全不同的立场。我建议，就此事而言，我们不应寻找主潮流，无论它是什么，是向上还是向下，而是说，我们应该拒绝识别不可逆潮流的诱惑，去看到这里有一场战斗，其结局一直有待定夺。

但是，如果我是对的，并且这场战斗就是我所描述的那样，那么，反对者的文化悲观主义不仅是错误的，而且是不结果实的。因为，将本真性文化全盘指责为错觉或自恋主义，并不是一种把我们推到高处的办法。事实上，具有超然的科学主义观的一群同盟者、那些持有更传统的伦理观的人，以及一种愤怒的精英文化的某些鼓吹者，联合起来谴责本真性文化。但这无济于事。可能推进改变那些投身于这个文化的人（我想说，至少在某个层次上，这包括每个人，甚至批评者）的一个办法，是同情地进入推动了这一文化的理想之中，并且试图表明什么是其真正的要求。但是，当这个理想及其现存的实践一起含蓄地受到谴责和嘲笑时，双方态度就强硬了。批评者们被当成敌对者而一笔勾销，任何重新评价不再进行。

在随后的赞成者和拥护者的两极分化中，失去的东西恰恰是对这个理想的一个丰富的理解。双方在某个意义上都碰巧协同一致地将这个理想等同于其最低级的、最自我中心的表达。正是针对这个协同，我们必须从事挽救性的工作，在某个意义上，我已经在前面的几节中勾勒了这项工作。

第八章 更微妙的语言

在这个两极化的争论中，有一个非常重要的区分，与这个理想一起被歪曲了，而这个区分对于理解现代文化是至关重要的。在某个意义上，这个文化已经看到了一个多方面的、可以称为“主观化”(subjectivation)的运动，那就是，事物以种种方式，越来越以主体为中心。曾经由某个外部实在所设置的事物——比如说，传统法律或自然——现在则要参考我们的选择。在我们曾经应听从权威指示的地方，现在我们不得不自己想办法来解决问题。现代自由和自主性把我们集中在我们自己身上，本真性理想要求我们发现和弄清自己的同一性。

但是，这个运动有两个重要的方面：一个涉及方式（manner），另一个涉及行动的质料（matter）或内容（content）。我们可以用本真性理想来阐述这一点。在一个层次上，它清楚地与信奉某个生活目的或形式的方式有关。本真性显然是自指示(self referential)的：这必须是我的取向。但是，这并不意味着，在另一个层次上，内容必须是自指示的：我的目标必须以某个在这些之外的东西为背景，来表达或满足我的欲望和希求。我可以在上帝那里，在一项政治事业里，或在爱护地球中找到满足。实际上，上面的论证表明，我们将只在这些事情中找到真正的满足，它们具有独立于我们或我们的欲望的重要性。

混淆这两种自指示性是灾难性的。它阻塞了前进的道路，而我们又无法走回到本真性时代之前。方式的自指示性在我们的文化中是不可避免的。混淆两者就制造出这样的错觉：质料的自指示性同样是不可逃避的。这种混淆为最糟糕的主观主义形式提供了合法性。

现代艺术的发展给予我们一个好例子，这个例子是关于这两种主观化如何产生根本区别和如何容易被混淆的。就像我们已经看到的，因为艺术也是本真性理想的一个关键地带，所以，这一点尤其值得在这里探讨。

我在这里想谈论的变化要回溯到 18 世纪末，并且与从把艺术理解为模仿到强调创造这个转向有关，我在第六章里讨论过这个转向。它牵涉到我们把什么称为艺术语言，即，比如说，诗人和画家可以凭借的公共可用的参照点。例如，莎士比亚利用应和论。为了使得我们完整感觉到弑君行为的恐怖，他让一个仆人报告那些“不自然的”、与这可怕的行动相感应的事件：邓肯被谋杀的那个夜晚是非同寻常的，“空中可闻的悲恸；死神的奇特尖叫”，即使白天要到来，天仍是一片漆黑。前一天，一只猎鹰被一只捕鼠猫头鹰杀死，而邓肯的坐骑当晚变得野蛮，“就像要与人类作战似的桀骜不驯”。以类似的方式，绘画也可以长期使用公众熟知的宗教和世俗历史主题、事件，和那些与生俱来有重大意义的要人，如圣母和圣子，或贺拉斯（the Horatii）的誓言。

但是几个世纪以来，我们一直生活在一个这些参照点不再对我们成立的世界里。现在没有人相信应和的学说，如其在文艺复兴时期被接受得那样，宗教和世俗历史都不具有广为接受的重要性。并不是说，人们不可能写一首应和的诗，波德莱尔就写了。而是说，这不可能凭借对以前公共学说的简单接受。波德莱尔本人并不同意这些学说的经典形式。他所试图阐明的是某个非常不同的东西，某种个人的眼光，他试图通过这种历史参照物，即他在其周围的世界里看到的“象征森林”，确定这个个人眼光。但是，为了掌握这个森林，我们不必如此多地理解以前的公共学说（反正也没有人还记得这一公共学说的任何细节），而是，就像我们可能表达的那样，需要理解它在诗人的感性中产生共鸣的方式。

举另一个例子，里尔克（Rilke）谈到了天使。但他的天使们不是按照他们在传统地定义的秩序中的位置来理解的。反过来，我们必须通过里尔克用以阐明他对事物的感受的全部意象，来确定这个词语的意义。“如果我哭泣，天使班中有谁会聆听？”,《杜伊诺哀歌》（*Duino Elegies*）以这个句子开头。他们在这些哭泣之外的存在，部分定义了这些天使。我们不可能通过一份中世纪关于小天使和六翼天使的级别的论文，来理解他们，但是我们必须经过这种对里尔克感性的阐明。

我们可以用这种方式来描述这个变化：在以前的诗语言可能依赖某些公共可用的意义秩序的地方，这种语言现在必须存在于一种得到阐发的感性语言中。艾尔·瓦瑟曼（Earl Wasserman）已经证明旧秩序及其已经建立起的意义背景的衰落，是如何使得浪漫主义时期新的诗语言的发展成为必然。例如，蒲柏（Pope）在其《温莎森林》（*Windsor Forest*）中，能够把古老的自然秩序观当作一种公共可用的诗意象资源利用。

在雪莱（Shelley）看来，这个资源不再可用；诗人必须阐明他自己的参照世界，并使它可信。像瓦瑟曼解释的那样："直到 18 世纪末仍有充分的思想同质性，让人们去共享某些假定……在不同的程度上……人们接受基督教的历史解释、自然的圣礼形式论、伟大的存在之链、创世的诸阶段类比、人作为微观宇宙等观念……这些是公共领域里的普遍句法；诗人足以相信，他的艺术是'自然'的摹写，因为这些样式就是他用'自然'所意指的东西。

"到了 19 世纪，这些世界图景已经从意识中消失了……从模仿的诗观念到创造的诗观念的变化，不仅仅是一个重要的哲学现象……现在……诗人被要求有一个另外的表述性的（formulative）行为……现代诗在自身之内必须既表述其普遍句法，又必须塑造这种普遍句法所允许的、自主的诗性真实；曾经先于诗并供模仿之用的'自然'，现在与诗一起，在诗人的创造性中，分享一个共同的起源。"[1]

浪漫主义诗人及其后继者不得不阐明一个原创性的宇宙观。当华兹华斯和赫尔德林在《序曲》（*The Prelude*）、《莱茵河》（*The Rhine*）或《回家》（*Home-*

coming）中描述我们周围的自然界的时候，他们不再像蒲柏在《温莎森林》中仍能做的那样，在一个业已确立的参照物整体上戏耍。他们使我们意识到，自然中的某些东西迄今为止尚没有充分的语词来表达。[2]诗正在为我们找到这些语词。在这个“更微妙的语言”中——这个短语借自雪莱*——某些东西被定义、被创造，也被显现。在文学史上一个分水岭已经被跨过了。

类似的事情发生在19世纪早期的绘画中。例如，卡斯帕·大卫·弗里德里希（Caspar David Friedrich）偏离传统的肖像画法。他在探索一种本质上的象征主义，它不是建立在受到认可的惯例上。他的雄心是让“自然的形式自己说话，让它们在艺术作品内的排序来释放它们的力量”[3]。弗里德里希也在寻求一种更微妙的语言；他试图说，某些东西是没有现存的词语来表达的，其意义必须在他的作品中而不是在预先存在

---

* 艾尔·瓦瑟曼的《更微妙的语言》（*The Subtler Language*）这个书名化用了雪莱的著名长诗《伊斯兰的起义》中的一节：

> 我得在沙滩上画出一个个符号，
> 标志出我密密交织的思想的经纬；
> 一个个形象都具有清晰的面貌，
> 最细小的变化由最微妙的语言所编汇。

雪莱：《伊斯兰的起义》，王科一译，上海译文出版社1978年版，第195页。

的参考词典中寻找。[4]他的思想依赖18世纪后期认为在我们的感觉和自然景象之间存在着亲和性的看法，但试图阐明比主观反应要多的东西。“感觉从不与自然对立，总是与自然一致。”[5]

这代表了艺术语言中一个质的变化。那就是，它不仅仅是一个碎片化问题。我们不能在描述它的时候只是说，以前的诗人有一门共同承认的语言，而现在每个人都有其自己的语言。这样做就像是说，如果我们能同意的话，我们就可以给予（比如说）里尔克的秩序观与古老的存在之链享有的公共语言相同的地位。

但是，这个变化比上面讲得更为深远。永远不可能恢复的是这样一个公共理解，即，天使是独立于人类的本体秩序的一部分，他们具有独立于人类表达行动的天使性质，这些性质是通过得到阐发的感性语言的描述语言（神学、哲学）领会的。相反，里尔克的“秩序”，只有通过在每个新读者的感性中被重新认可，才能变成我们的。在这些情况下，一个这样的秩序在排除其他所有秩序时才应该被接受的思想——一个在传统语境里实际上不可避免的要求——不再具有任何力量。另一个感性、另一个意境会如何使我们得到一个十分不同的想法，即便这些想法可能在我们看来都是关于一个相似的实在之景象，这一点确实是再清楚不过的了。

所以，当代“天使”与他们的祖先不同，必定是与人类有关的，人们也可以说，是与语言有关的。他们不可能与某种阐述语言分离，而这种语言实际上是他们的要害成分。这种语言反过来根植于诗人的个人感性之中，只有那些其感性像诗人的感性一样与之共鸣的人们，才能理解它。

或许，如果我们想想如何也能够要求个人直觉去描绘一个公共参照域，那么这个对比才能彻底地被看清。语言学家可能利用我们对于语法性质的语言直觉。要让这些直觉可资利用通常要有一个自反的转向。我问我自己：你能说“She don’t got a cent”* 吗？而我给出否定的回答。但是，没有必要在这里讨论“个人眼光”。我正在描绘的东西恰好是公共可用背景的一个片段，我们所有人在交流时所依赖和使我们的话算数的东西。相反，艾略特（Eliot）、庞德（Pound）或普

* 这句话是作者故意造出的一个有语法错误的句子。

鲁斯特（Proust）邀请我去的地方，具有一个根深蒂固的个人维度。

按照前面的讨论，这意味着一个重要的主观化已经发生在后浪漫主义艺术中。但是，清晰的，它是方式的主观化。它涉及诗人是如何达到他或她给我们指引的无论什么地方。绝不能由此推出必须有质料的主观化，即，后浪漫主义诗歌在某个意义上必须只能是自我的表达。这是一个普通的看法，它似乎从一些说法中得到一点佐证，像华兹华斯把诗描述为“强烈感情的自发涌出”。但是，当华兹华斯在《丁登寺》（“Tintern Abbey”）中写下

> 我感到有物令我惊起，
> 带来了崇高思想的欢乐；
> 一种超脱之感触及某个深深融合之物，
> 栖居于落日的余晖，
> 栖居于大洋与清新的空气，
> 栖居于蓝天和人的心灵：
> 一种运动，一种精神，推动一切能思考
> 的东西，

一切思想的对象，

穿过万物而运行。（第 94—102 行）

的时候，他自己试图比单纯阐发自己的感受要做得更多。

某些最优秀的现代诗人的努力恰好是阐明某些自我之外的东西。我们只需要思考一下里尔克的《新诗》和一首像《豹》这样的诗，在这些地方，他实际上试图从事物内部阐明事物。

混淆质料和方式是很容易的，只因为现代诗不可能是一个“客观”秩序的探索，这里的客观秩序即古典意义上的公共可用的参照域。这个混淆不仅仅是在评论者们那里。很容易推断，古典秩序的衰落只留下了欢庆的自我及其威力。向主观主义滑落，及其将本真性与自决自由之混合，这条道路已经准备就绪。大量的现代艺术开始了对人类力量和感觉的庆贺。未来主义作为例子再度浮现心头。

但是，某些 20 世纪最伟大的作家在这个意义上不是主观主义的。他们的议题不是自我，而是某个超越的东西。里尔克、艾略特、庞德、乔伊斯（Joyce）、曼（Mann）及其他人就跻身其中。他们的例子显示，诗语言之不可避免地扎根于个人感性，并不一定意味着诗不再探索自我之外的秩序。例如，在《杜伊诺哀歌》中，里尔克试图告诉我们一些东西，关于我们的处境，关于生者与死者的关系，关于人类的脆弱，还有那种出现在语言中的变形（transfiguration）之力。

所以，如果要理解现代艺术，我们必须区分这两种主观化。这个区分与我们早先指出的一直在进行的文化斗争大有干系。因为，我们时代的某些涉及爱和我们在自然秩序中的地位的重大问题，需要用这些有个人共鸣的语言来探讨。举一个突出的例子，正因为不再相信那些伟大的存在之链的学说，所以，我们不必认为，我们处在一个只被当作我们事业的原材料来源的宇宙中。我们可能仍需要认为我们是一个可以对我们提出要求的更大秩序的一部分。

实际上，后者可以被认为是急迫的。如果我们能够找回对自然环境和荒野加于我们之上的要求的感觉，那就会极大地有助于预防生态灾难。工具理性和自我中心的满足的意识形态使主观主义倾向在我们时代占据统治地位，这个倾向使我们几乎不可能在此陈述这个情形。阿尔伯特·波格曼指出了有多少关于生态限制和责任的论证是用人类中心论的语言来表达的。[6]生态限制对于人类福利已经被证明是必要的。这是对的和足够重要的,但不是事情的全部。它也没有抓住我们这里的全部直觉,这些直觉经常把我们引导到一个认识上:自然和我们的世界对我们是有要求的。

但是,在缺少个人共鸣语言可以给予我们帮助的情况下,我们不可能有效地探索这些直觉。这就是为什么对这些语言可以在非主观主义意义上使用这一点缺乏认识——两种主观化的混淆——可以导致重要的道德后果。超然理性或主观满足的提倡者们可能乐于接受这些后果。对他们来说,自我之外没有任何东西要去探索。现代性的全盘批评者们渴望古老的公共秩序,他们把个人共鸣的看法等同于主观主义。某些严厉的道德家也想遏制这个幽暗不明的个人领域,也倾向于将其全部表现一起封杀,不管是主观主义的还是探索性的。我们在这里认出一个熟悉的联盟,它无意中协力维持一个低级和肤浅的本真性伦理观。

但是,在封锁这种自我之外的探索时,他们也剥夺了我们与现代文化的平庸和肤浅形式继续战斗的主要武器之一。他们阻塞了某种探索，而这种探索可以使一些来自自我之外的要求对于我们更为明显和真实——例如，那些支撑一种好于人类中心论的生态政策的要求。我们可以再次看到，拥护者和反对者之间的、文化乐观主义和悲观主义之间的两极化争论的视角，一旦投入到真正的、永不结束的、发挥我们现代文化的最高潜能的战斗中，可能是残缺不全的。

如果本真性就是对我们自己真实，就是找回我们自己的“存在之感受”，那么，或许我们只能整体地实现它，倘若我们认识到这种情感把我们与一个更宽广的整体连接在一起的话。在浪漫主义时代，自我感觉和感觉到属于自然是联系在一起的，这或许不是一个偶然事件。[7]或许，一种借助公共界定的秩序而获得的归属感的丧失，需要用一种更强烈的、更内在的联系感来补偿。或许这就是大量的现代诗一直在试图阐明的东西；或许，今天有了这种阐明，我们不太需要更多的东西。

第九章　一个铁笼？

我一直在细致地讨论第一章中简述的有关现代性的三个隐忧中的第一个。我没有太多的时间去处理另外两个。但我的希望是，对自我实现的个人主义的长篇讨论，会指明关于对待现代性的一般立场的线索，这个立场或许也可以扩展到其他存在着隐忧的地方。在这一章里，我试图指出，对于工具理性的令人感到威胁的支配性，我们的立场是什么。

对本真性而言，我已经表明，拥护者和反对者的两个简单的和极端的立场，是需要避免的；全盘指责自我实现的伦理，同简单地全盘赞同其当代形式一样，是一个深远的错误。我已经证明，在这个作为基础的伦理理想与这些理想在人们生活中反映出来的方式之间，存在着一个张力，这意味着，一种系统的文化悲观主义同一种完全的文化乐观主义一样，是误入歧途的。反过来，我们面临一场绵延不绝的战斗，面对本真性的更平庸和更浅薄的模式的抵抗，我们要去实现本真性的更高和更充分的模式。

对于工具理性，我的第二个主要关心的领域，某个类似的东西也是成立的。这里也有极端的立场。有些人将技术文明的到来看成一种十足的衰落。我们已经失去了先辈曾有过的与大地及其韵律的联系。我们已经失去了与自己和自己的自然存在的联系，并且被一个统治一切的命令所驱使，这个命令把我们投入到一个与我们的本性和我们外部自然的无尽的战斗中。这种对世界的“祛魅”的抱怨，从浪漫主义时代起就一次次得到阐明，它明确地感受到人类已经被现代理性三重分裂——他们自己内部的分裂、他们之间的分裂，以及与自然界的分裂。[1]它今天以几种形式出现在我们的文化之中。例如，它伴随着对前工业时代人们生活的欣赏，并经常伴随着一个捍卫土著社会不受工业文明侵犯的政治立场。它也是女权主义运动潮流中的一个重要主题，女权主义与这样一个主张相关：占统治地位的对待自然的立场是“男性的”，并且是“父权”社会的一个本质特点。

持这种看法的人们摆好了与彻头彻尾的技术拥护者对垒的架势，而技术拥护者认为所有的人类问题都有一个解决方案，并且对那些阻挡了我们发展的人感到不耐烦，因为他们似乎是蒙昧主义的非理性。

在这里容易看到一个类似地被两极化了的争端。但有一个重要的区别：阵营分派是不一样的。粗略地讲，本真性的反对者经常站在右边，而技术的反对者则在左边。更恰当地讲，某些（不是所有）对自我实现伦理持批评态度的人是技术发展的大力支持者，而许多深陷在当代本真性文化中的人，共享着关于我刚刚提到的关于父权制和土著生活风格的观点。这些交叉阵营分派甚至导致某些困扰人的矛盾。右翼美式保守人士在攻击主动堕胎和色情制品时，说起话来就像是传统社会的倡导者；但是，在经济政策中，他们提倡一种不受约束的资本主义企业形式，而这种形式的资本主义业已比任何别的东西更有助于瓦解历史共同体，培养了原子论。它不懂得边界或忠诚，而且一旦有了决算表，就立即关闭一个矿业小镇或粗暴地对待一块森林产地。另一方面，我们也看到一些对自然抱有关切而恭敬的态度的人，这些人会为了保卫森林栖息地而不惜破产，也会基于女性的身体只属于自己这一点，进行游行示威以支持自主堕胎。野蛮资本主义的某些对手，把占有性个人主义带得更远，甚于其最心安理得的捍卫者。这两个两极化的争论是非常不同的，不过我认为，两者多少是同样错误的。不受控制的工具理性施加在我们身上的伤害，在原子主义观点日益强化的过程中，在我们对自然界的无动于衷之中，显然已经过度了。在这里，反对者们是对的。然而，我们不能只按照统治的必要性来看待技术社会的发展。还有更丰富的资源培育了这个发展。但是，如同在本真性的情形中那样，这些道德资源，恰恰通过原子主义和工具主义价值的强化，有从视线中消失的倾向。挽救这些资源可以让我们恢复某种平衡，使技术在我们的生活中总的说来，占据另一个位置，而不是作为一个固执的、不加反省的命令。

这里在运用技术的较好和较坏模式之间，可能还有一场斗争，就像在寻求本真性的较高和较低方式之间有斗争一样。但是，由于道德资源被遮盖和从视线中消失，这场斗争被抑制了，甚至在很多情况下都无法开始。反对者们对这种闭塞起了作用，因为他们用“统治”这样的词语对技术社会所做的无情描述，把这些别的资源一起去除了。

但是，鼓吹者们也无济于事，因为他们往往如此深地陷进原子主义和工具主义立场中，以至于他们也不承认这些资源。与本真性的情况一样，这个两极化争论的双方都在无意中协力对某个本质的东西视而不见，双方都相信关于他们为之战斗的东西的最低劣的观点——在这里则是工具理性。要对付他们，我们需要从事一项补救性的工作，以使富有成效的斗争在我们的文化和社会中进行。

在补救之前，有一个事实我们不能回避。在很大的程度上，工具理性的支配地位不仅与某种道德观的势力有关。在许多方面，我们被迫在生活中让它占据一个大地盘，如同我在本书开头提到的那样。例如，在其经济主要由市场力量形成的社会里，所有的经济行为者如果要生存，就必须把效益放在一个重要的地位。在一个巨大复杂的技术社会里，以及在构成这个社会的大规模单位里——商行、公共机构、利益团体——日常事务在某个程度上必须根据官僚统治的合理性原则来管理，如果它们要得到管理的话。所以，无论把我们的社会让给像市场那样的“看不见的手”的机制，还是试图集体地管理它，我们被迫在某个程度上根据现代合理性的要求操作，无论这些要求是否符合我们自己的道德观。唯一可供选择的似乎是一种内在放逐，一种自我边缘化。在公共或私人领域里，在经济和国家中，工具理性似乎能够以马克思和韦伯这两位伟大的现代性分析者已经解释了的互补方式，将其要求施加于来来往往的我们身上。

这是非常正确和重要的。它帮助我们说明原子主义的和工具的态度和哲学在我们时代的威力。原子主义往往由科学主义观点产生，科学主义观赞同工具效益，也隐含在理性行为的某些形式之中，例如企业家的行为方式。所以，这些态度几乎获得了规范的地位，并似乎得到不可挑战的社会现实的支持。

但是，有的人从这一点进一步主张，一旦进入我们这种社会，像原子主义工具观这类东西是不可避免的。如果是这样，那么我在前面的部分里所说的就是毫无用处的，因为我一直并且将要探讨限制工具考虑的理由，而这是以我们具有这样做的能力为前提的。即使我们往往看不到开放给我们的那些选择方案，它也假定我们在这里有一个真正的选择。如果现代技术社会真的把我们锁进了一个“铁笼”，那么所有这些都是白费口舌。这是对我的整个论证的第三个主要挑战，我在第二节结尾曾概述了这个论证，但没有很好地展开它。

我认为这些“铁笼”图景中有大量的真知灼见。

现代社会往往把我们推到原子主义和工具主义方向，既通过让我们难以在某些情况下限制它们的统治地位，又通过产生一个将它们理所当然地视为标准的观点。但我相信，把技术社会当作铁定命运的观点是站不住脚的。它将许多东西简单化了，并且忽视了本质性的东西。首先，技术文明与这些规范之间的联系不是单向的。不仅仅是说，制度培养了哲学；而且，在制度能够发展起来之前，这种观点必须开始在欧洲社会有某些影响力。原子主义和工具主义观点在工业革命之前至少已经开始在西欧和美国的受过教育的阶层中传播。实际上，韦伯就看到了为现代资本主义所做的意识形态准备的重要性。

但是，这可能被当作纯粹的历史兴趣而被打发掉。或许必须有哲学的变化来使得我们的技术社会得以兴起，而它一旦出现就开始束缚住我们。这是对韦伯用他的铁笼图像试图表达的思想的一个合理的解释。

但这似乎也太过于简单了。人类及其社会比任何简单的理论所能说明的都要复杂许多。不错，我们被推到这个方向。不错，原子主义和工具主义哲学在我们世界中率先起步。但是，仍有许多抵抗的想法，而这些想法不停地产生出来。我们只须思考浪漫主义时期以来的整个运动，它一直在挑战这些范畴的统治，我们也需要思考这场运动在今天的支流，它正在挑战我们在生态上的处置不当。这场运动已经取得某些进展，已经产生某些打击力，这些无论多么不成熟和不充分，在我们的实践中，它们业已形成对技术社会的任何铁定规律的部分反驳。

这场运动的新近发展告诉我们许多有关我们的事情，既关于我们处境的局限性，又关于其可能性的。一个旨趣相异的碎片化的公众，实际上是听任一种不可逃避的、走向工具理性支配性的命运的摆布。公众中的每个小小的碎片可能深切关心在发展的名义下受到破坏或退化威胁的某一环境。但是，每个局部共同体或每群关切的公民，似乎又站在绝大部分公众的对立面，以少数人利益的名义，要求公众在发展和人均国民生产总值上做点牺牲。这样说来，这件事似乎是毫无希望了：它在政治上是失败的事业，它甚至看起来不该取胜。民主政治的碾磨机不可避免地将这些抵抗的小岛轧成粉末。

但是，一旦围绕环境威胁形成了一个共同理解的气候，情况就会发生变化。当然，局部群体和全体大众之间的战斗仍会持续。每个人都看出需要一个垃圾存放处，但没有人想将其置于自家后院。不过，某些局部战斗要用新的眼光来看，它们被置于不同的框架中。例如，对某些原始区域的保护、对某些受到威胁的物种的保护，保护环境免受破坏性攻击，业已被视为新的共同目标的一部分。事实上，仅当人们分裂且碎片化时，那些具有不可逃避性的机制才会起作用。当一个共同意识出现之时，处境就有了转变。

我们并不想夸大我们的自由度。但这些自由度不是零。这意味着理解了我们文明的道德资源，就其有助于新的共同理解而言，的确是有作用的。

实际上我们不是被锁死的。但是，存在着一个斜坡，事物中的一种太过容易下滑的倾向。这种倾向来自前面提到的制度因素，也来自思想自身中的沼泽地。我们在本真性的例子中看到了这种东西，如同我试图在第六章中表明的那样：道德理想趋向了某种歪曲或者选择性的忘却。

同样的事情对于工具理性的情形也是成立的，并且是基于部分重叠的理由。我已经描述了自决自由的理想在我们文化中的力量的某些来源。当能重铸我们自身存在的条件时，当能支配那些支配我们的事物时，我们才是自由的。这个理想明显地助长了把更大的重要性赋予技术对我们世界的控制；它助长了将工具理性架构 * 在一个统治方案中，而不是去以其他目的的名义限制工具理性。事实上，像马克思列宁主义社会（这些社会在意识形态上像以前那样被这个理想的某种形式所武装）的近期历史已经表明的那样，这个理想压制了现存的某些限制，而这些限制曾经还制约着技术对环境的无法控制的毁坏。

工具理性已经与人类主体的一个超然模型一起成长起来，后者牢牢地控制了我们的想象力。它给出了一种人类思维的理想图像：这种人类思维为了成为纯粹的、自我确证的理性，从其在我们的身体构成、我

---

* 下面泰勒还将反复用这个词。“enframe”是泰勒从海德格尔论技术的名篇《技术的追问》中拿来的用语，即德语中的“Gestell”，孙周兴教授早期译作“座架”（《海德格尔选集》下卷，上海三联出版社1997年版），后来改为“集置”（《演讲与论文集》，生活•读书•新知三联书店2005年版）。这里译作“架构”是从这个英文单词的字面意思出发，“frame”意为“框架”，加上表示动词化的前缀“en”，也就是“赋予框架”。“架构”这个词如果理解为“架–构”，勉强可以传达泰勒此处的用意。泰勒认为我们要将工具理性和技术重新“架–构”起来，也就是说使之在新的框架下发挥作用，而不是完全支配现代社会。

们的对话处境、我们的情感，以及我们的传统生活形式之中杂乱嵌入状态中抽离了出来。这是我们文化中最受推崇的理性形式之一，数学思维或其他类型的形式计算是其典型例子。能够宣称是建立在这种计算之上的论证、考虑、评议，在我们的社会里有巨大的说服力，甚至当这种推理方式并不真的切合主题时也是如此，这一点可以从这种思维在社会科学和政策研究中的（在我看来不应有的）显著地位得到证明。经济学家用其精致的数学迷惑了立法者和官僚，哪怕这包装了带有潜在灾难性后果的不成熟的政策思维。

笛卡尔是这个超然理性模式早期最著名的发言人，他迈出了被后世广泛追随的重大的一步。我们可能认为这个推理模式是一项基于某些目的值得追求的成就，是某个我们有时计划获取的东西，尽管从构成上讲我们的思想通常是具体的、对话的、充满感情的，并且反映了我们的文化方式。笛卡尔迈出了这样一步，他设想我们在本质上是超然的理性，我们是纯粹的心灵，不同于身体，我们看自己的通常方式是一种令人遗憾的错觉。人们或许可以看出为什么这个图像对他们或对那些信服它的人有吸引力。一旦我们假设这个理想所说的是事情的本来面目，而不是一些脆弱而局部的成就的努力目标，这个理想似乎就得到力量和权威。所以，在我们的文化中，我们太容易认为我们本质上是超然的理性。这就解释了为什么如此多的人毫不质疑地认为我们应该按照电子计算机模型来设想人类思想。一种与对事物的抽离式工具性理解共同到来的力量感增强了这种自我形象。所以，许多东西，既在制度上，又在意识形态上，是支持原子主义和工具主义的。但是，如果我的论证是正确的话，我们也可以与之做斗争。我们可以这样做的方式之一是通过挽回现代对工具理性的强调据以发生的更丰富的道德背景。我不能够在这里发展这个论证，哪怕是在我为本真性所做的勾勒的程度上，我也不能够，但是，我想粗略地指出这个论证可能如何进行。

很明显，支持工具理性的部分理由是它能使我们控制环境。我们的确听到了统治之声，不管只是因为我们得到更多想要的东西，还是因为统治奉承了我们的权力感，还是因为它与某个自决自由计划相契。但是，如同一些批评家似乎暗示的那样，“统治自然”不是这里的全部。我想在这里提及另外两个重要的道德语境，对工具理性的强调正是产生于这两个语境。

（1）我们已经看到，与工具理性相联系的，是把我们自己看作潜在超然理性。这是基于一种自负其责的、自我控制的推理的道德理想。这里有一个关于合理性的理想，它同时也是一个关于自由的理想，关于自主的、自我生成的思想的理想。

（2）另一个道德倾向也已经进入我们的画面。我所称呼的对日常生活的肯定，那种认为生产和生育生活、工作和家庭生活就是我们的要事的想法，也已经做出了巨大的贡献，因为它已经让我们将前所未有的重要性，赋予不断富足的生活条件的生产，赋予在更大规模上的苦痛缓解。弗兰西斯・培根在 17 世纪早期就已经批评传统的亚里士多德科学没有为“缓解人类境况”[2]做出任何贡献。他提出一个替代它们的科学模型，其真理标准将是工具效率。当能够介入对事物的改造时，你就已经发现了某种东西。近代科学在这个方面与培根是本质上连续的。但是，关于培根，重要的是他提醒我们，这种新科学的要旨不仅是认识论的，还是道德的。

我们是培根的后继者，因为，举例来说，如今我们会为了解除饥荒或为救助洪水的受灾者发起声势浩大的国际运动。今天，无论实践多么不完善，我们至少在理论上已经接受了一种普世的团结，并且我们在本质上活跃的干涉主义前提下接受这一点。我们不接受人们应该继续成为飓风或饥荒的潜在受害者。我们认为这些是在原则上可消除和可制止的坏事。

这个实践的和普世的仁爱也给了工具理性一个至关重要的地位。有些人用美学或生活风格理由，反对工具理性在我们生活中已经占据的地位（自18世纪以来这已经是旷日持久的抗议的一大部分），工具理性的捍卫者们指责他们是道德上冷漠的和没有想象力的，将他们自己的审美感性置于大批痛苦的人的生命需求之上。

所以，工具理性带着其丰富的道德背景来到我们面前。它绝不仅仅是一种过分发达的主宰本能武装起来的。然而，它似乎太过频繁地服务于更严格的控制和技术统治的目的。对更丰富的道德背景的挽救可以表明它不必这样做，实际上在许多情况下，它在这样做时是在背叛这个道德背景——与更自我中心的自我实现模式背叛了本真性理想的方式相似。

这种补救所涉及的，本质上与本真性的情况相同。我们需要将两个层次的考虑带到一起。利用（a）必须制约相关理想之实现的人类生活条件，我们可以确定（b）什么相当于这些理想的有效实现。

如果我们考察医护领域的一个重要例子，就可以看到这种反思涉及什么。依据（a），我们注意到，超然理性的理想必须被仅仅看作是一个理想，而不是一幅真正的人类能动性图景。我们是具身的行为者，生活在对话的条件中，以特殊的人类方式居住在时间里，那就是，将我们的生活理解为一个故事，这个故事连接着我们的过去和未来计划。这意味着（b），即，如果要恰当地对待一个人，我们就不得不尊重这种具身性、对话性、时间性。工具理性的肆虐，例如忘记病人是一个人，不考虑如何将治疗与病人的故事关联起来，并由此不考虑希望和绝望的决定因素，忽视护理者与病人之间的关键联系的那些医疗实践——所有这些，借助替工具理性的这些应用做辩解的仁爱道德背景，都必须受到抵制。[3]如果我们理解了技术为什么首先在这里是重要的，那么它将会自然而然被一种护理伦理加以限制和约束。

我们在此寻找的是一种替代性的对技术的架构。技术不能纯粹放在不断进逼的控制欲和步步退却的自然之间的框架中来理解（或许这是被一种权力和自由感所驱动的），我们更应该将技术理解为存在于仁爱伦理的道德框架中，这种仁爱伦理也是我们文化中的道德源泉之一，而工具理性正是从中获得其显著的重要性。但是，我们必须反过来将这种仁爱放在一个对人类能动性的合适的理解框架中，而不是将它与在一台客观化机器（objectified machine）中的、超然理性的去身幽魂（disembodied ghost）联系起来。我们必须也将技术与这个超然理性的理想相联系，但现在是当作一个理想，而不是当作人类本质的一幅歪曲图像。技术服务于一种针对现实的有血有肉的人民的仁爱伦理；技术的、计算的思维是生活在一种十分不同的思维媒介中的存在者所具有的罕见的和可敬的成就：在这些框架之外行使工具理性，就是非常不同地使用我们的技术。[4]

尽管基于前面提到的所有理由，人们容易倾向或滑向支配的立场，但这绝不是说，我们必须以这种方式使用技术。另外的模式也是开放的。我们这里面临的是一场斗争，在这场斗争中这些不同的架构模式相互竞争。对于本真性而言，竞争存在于自我实现的平庸模式和充实模式之间；在这里，它将不同的框架置于相斗地位。我再一次提出，我们不要认为我们的处境注定要产生不断增长的技术控制欲，对之我们要么称快，要么悲叹，因人而异，而是要把它理解为可以争论的，理解为一个或许永不停息的战斗的场所。

在这场竞争中，理解我们的道德资源有着重大意义，而赞同者和反对者的两极化争端可能会再一次剥夺我们的一个重要的资源。这就是一种挽救工作值得做的原因。世人心中皆有一场战斗，挽救工作会起作用。

但是，这场思想之战，部分在资源上，部分在结局上，也无法摆脱地与关于社会组织模式的政治斗争捆在一起。鉴于我们的制度在产生和维系一种原子主义的和工具的立场中的重要性，情况不可能是别的样子。因此，我在最后一章里将回到开头勾画的第三个主要关心的领域。

第十章 反对碎片化

我在上一章论证，一个技术社会的制度并不一定给我们强加一个不断深化的工具理性霸权。但清楚的是，倘若任其自便的话，这些制度就有将我们推向那个方向的趋势。这就是为什么完全跳出这些制度的方案被经常提出来。这样一个梦想是经典马克思主义提出的，列宁主义将它展现到一定程度。其目标是废除市场，用马克思的话讲，就是把整个经济运作置于“联合起来的生产者”的有意识的控制之下。[1]还有一些人则怀有这样的希望：我们可能不需要官僚国家。

西方有些人把冷战的结束当作颂扬他们自己的乌托邦的借口，这个乌托邦是一个完全用非人格的市场关系组织起来的自由社会，国家被推到一个有限的残留角色。但这同样是不现实的。如果政府大规模地从经济中撤离，稳定和效率也不可能延续，而自由能长期在一个真正野蛮的资本主义社会及其无法消除的不平等和剥削所孕育的竞争地带得以延续，是令人怀疑的。

可能与共产主义一起死亡的是这样的信念：现代社会可以按照一个单独原则运行，不管是公意下的计划原则还是自由市场分配原则。我们的挑战实际上是以某种非自愚的方式，将一些操作方式结合起来，这些操作方式对于一个自由和繁荣的社会是必需的，但它们也会互相妨碍：市场分配、国家计划、集体需求供应、个人权利保护和有效的民主动议（democratic initiative）与控制。短期来看，最大的市场“效率”可能受到其他四个模式的限制；长期来看，经济运作是可能的，但正义和自由必然会受害于它们的边缘化。

我们不可能摧毁市场，但也不可能完全通过市场来组织自己。限制市场可能是要付出代价的；完全不限制它们将是致命的。统治一个当代社会就是不断地重建相互抵触的要求之间的一种平衡，在旧有的均衡变得愚蠢时不停地发现新的创造性解决方案。从根本上讲不可能有一个确定的解决方案。在这个方面我们的政治处境与我前面描述的文化处境相似。不同观点之间、对现代性的关键理想的不同架构之间的持续的文化斗争，在制度的层面上，类似于我们在组织公共生活时采取的相异但互补方式所提出的冲突的要求：市场效率可能受到通过福利国家进行的集体供应的阻抑；有效的国家计划可能危及个人权利；国家和市场的联合操作可能威胁到民主的控制。

但这里有比类似更多的东西，就像我已经指出的那样，这里有一个联系。市场和官僚国家的操作会强化这样一些架构，它们赞成原子主义和工具主义对待世界和他人的态度。这些制度不可能被简单地摧毁，我们不得不与其永远共存，这与我们文化斗争的无休止的和不可解的本性大有关系。

尽管没有决定性的胜利，但有输赢面。这里牵涉的东西来自我在上一章提到的那个例子。在那里我注意到，在关于环境保护的某个共同理解和一个目标共识在作为整体的社会中形成之前，孤立的共同体或群体反对生态破坏的战斗注定是要失败的。换句话讲，击退工具理性飞速发展的霸权的力量，是（正确种类的）民主动议。

但这提出了一个问题，因为市场和官僚国家的联合操作有弱化民主动议的倾向。这里我们回到第三个有隐忧的领域：托克维尔阐明的、对现代社会的某些条件损害民主控制意愿的恐惧，对人民会太轻易地接受被“巨大的监护权力”的统治的恐惧。

或许托克维尔的柔性专制主义的肖像（虽然他很想将其区别于传统暴政），仍在传统的意义上显得太专制。现代民主社会似乎与之相去甚远，因为它们充满了抗议、自由动议，和对权威不敬的挑战，而就像统治者们从不停止采用的民意测验揭示的那样，政府的确在被统治者的愤怒和轻蔑面前发抖。

但是，如果我们稍微不同地看待托克维尔的恐惧，那么它似乎是足够真实的。危险的东西并不是现实的专制控制，而是碎片化——人民越来越不能形成一个共同目标并落实它。碎片化发生在人们越来越原子主义地看待自己之时，换句话讲，人们越来越少地认为自己与其同胞结合在共同的事业和忠诚里。他们实际上可能感到与别人结合在共同事业中，但这些事业更多的是小群体而不是整个社会：例如，一个局部共同体、一个少数族裔、某个宗教或意识形态的信徒们、某个特殊利益的促进者们。

这种碎片化的产生，部分由于同情结合关系减弱，部分由于自食其果，是因为经由民主动议自身的失败。因为一个民主政体在这个意义上越碎片化，他们就越将自己的政治能量，以我下面要描述的方式，转移到促进他们的部分结群，而围绕共同理解的计划和政策来动员民主多数就越少可能性。人们越来越感觉到，选民作为一个整体无法抵抗庞大的国家；某种良序的和一体化的部分结群可能实际上能够有所作为，但多数人民可以设计和贯彻一个共同事业的思想似乎会是乌托邦的和天真的。所以人民放弃了努力。已经失去的对他人的同情，被共同行为经验的丧失进一步弱化，而一种无望感又使种种努力看起来像是浪费时间。这当然使得它变得没有希望，一个恶性循环就形成了。

一个按这条路线走的社会仍然可以在一种意义上是高度民主的、平等的，充满了活力和对权威的挑战，如果我们朝南留意那个伟大的共和国，这一点就显而易见。政治开始以我在前面指出的方式呈现了一个不同的样子。即使其他目标在萎缩，一个依然被有力地共享着的共同目标是，社会按照对权利的保护来组织。法制和对权利的维护被看作非常“美国方式”的，即，被看作一个有力的共同忠诚的对象。对水门丑闻的剧烈反应导致一位总统下台，这就是这个方式的明证。

在保持这种方式时，政治生活的两个方面呈现得越来越突出。首先，越来越多的东西挑起官司。美国人第一个拥有牢固的权利法案，这个法案后来被反歧视条款加以扩充，通过在法庭上对涉嫌违反了这些固定条款的法规或私人举措进行挑战，美国社会已经发生了重要的变化。一个好例子是著名的“布朗诉教育委员会案”（Brown vs. Board of Education），它使学校在1950年废除了种族隔离。近几十年中，美国政治过程中越来越多的精力转到这种司法复议（judicial review）过程中。其他社会里，在辩论和有时候不同观点的妥协之后，通过立法确定的事情，在美国被看作依照宪法进行司法裁决的合适题目。堕胎就是一个有关的例子。因为1973年的“罗伊诉韦德案”（Roe vs. Wade）极大地放宽了这个国家的堕胎法，保守分子努力叠诉公堂以撤销此案（现在逐渐在取得成果）。结果已经变成一种令人惊讶的、被引导到作为司法复议的政治之中的智识努力，这种努力使得法学院变成美国校园里社会政治思想的动力中心；而在曾经相对惯常的——或至少是非党派性的——有关参议院对总统提名最高法庭大法官的批准的事情上，如今也有一系列的激战。

与司法复议掺杂在一起，美国人的精力被引进利益政治或鼓吹政治之中。人民将自己投入单议题的运动之中，狂热地为他们喜爱的事业而忙碌。堕胎争论的双方都是很好的例子。这个方面与前一个是叠合的，因为这场斗争的一部分是司法的，但它也涉及游说、动员大众意见，以及选择性地介入选战以支持或反对特定的候选人。

所有这些造成了大量的活动。这些事情发生于其中的社会不太会是一个专制社会。但这两个方面的增长，部分在结果上，部分在原因上，与第三个方面的式微相联系，这第三个方面就是，围绕能够付诸实现的有意义的计划而形成民主多数。在这个方面，美国的政治舞台是糟透了的。主要候选人之间的辩论变得越发支离破碎，他们的陈辞变得越发公然自吹自擂，他们的交流包含越来越多的现在有名的“原声片段”（sound bytes），他们的承诺滑稽得令人难以置信（“看我的嘴唇怎么动就行了”）和令人嘲讽地无法践行。同时，他们对对手的攻讦越发低级到不光彩的地步，好像他们就能免于同样的指责一般。与此同时，在一场与之配套的运动中，全国性选举中选民的参与度在下降，并且最近已经下降至适龄人口的 50%，远低于其他民主社会的投票率。

对于这个不匀称的系统，有维护之声，但或许更多的是反对之音。人们可能担心其长远的稳定性，即，不知道渐失其效的代议制导致的公民疏离，是否能够被其特殊利益政治的更大能量所补偿。也可以说，这种风格的政治使得问题难以解决。司法裁决常常是赢家通吃；非输即赢。特别是，有关权利的司法裁决容易认为是全或无的事情。权利这个概念似乎要求完整的满足，如果它的确是权利的话；如果它不是，就什么都没有。堕胎可以再次作为例子。如果你将它看作胎儿的权利与母亲的权利的冲突，那么，在一方无限不受侵害和另一方不受限制的自由之间，找不到什么妥协之地。以法决事的爱好，进一步被对方的特殊利益活动所激化，这就有效地断绝了妥协的可能性。[2]我们也可以论证，这个爱好使得某些议题更难处置，因为这些议题要求，对于将涉及某些牺牲和困难的措施，必须有一个广泛的民主共识。或许这是持续的美国问题的一部分，这个问题通过某种明智的工业政策来忍受衰退的经济处境。[3]但是，这也把我带到我的立场上，那就是，在这种政治占统治地位的地方，某些公共计划变得越发难以制定。

一个这般不平衡的系统既反映了也保护了碎片

化。其精神是一种对抗精神，依照这种精神，公民效能取决于能够得到的权利，无论对整个社会造成何种后果。司法补复议和单议题政治两者，都是从这个立场操作并且进一步强化了它。前面生态运动的近期命运的例子显示的是，对抗内置于市场和官僚统治的趋势的唯一方式，是形成一个共同的民主目标。但这恰好是一个碎片化的民主系统中的难事。

分裂的社会是其成员越来越难以将自己与作为一个共同体的政治社会联系起来的社会。这种认同之缺乏可能反映了一个原子主义的观念，而依此观念，人们终将纯粹工具性地看待社会。但是，它也有助于巩固原子主义，因为有效的共同行动的匮乏，把人民又掷回到他们自己身上。这或许就是当代美国最广泛坚持的社会哲学之一，是中立性的程序自由主义的原因，我在前面（第二章）提到过它，它十分平稳地与一种原子主义观点结合起来。

但现在我们也可以看到，碎片化以另一种方式怂恿着原子主义。因为唯一有效地对抗内置于市场和官僚国家的原子主义和工具主义趋势方式，是通过民主活动形成一个有效的共同目标，所以，碎片化事实上使我们无法抵抗这种趋势。失去建立政治上有效的多数的能力，就如同你在河中失去桨叶。你无法抗拒地被带向下游，在这里就意味着越来越深地陷入原子主义和工具主义构建的文化中。

抵抗的政治就是民主的意志形成的政治。不同于那些感到被精英立场所吸引的技术文明的敌对者们，我们必须看到，投身于我们时代的文化斗争的严肃尝试，要求提倡一种民主赋权（empowerment）的政治。重新架构技术的政治尝试，从根本上涉及抵抗和逆转碎片化。

但是，我们如何与碎片化战斗？这并不容易，也没有任何普遍的方子。这在很大的程度上要依特殊情形而定。但是，碎片化已经成长到这样的程度，人们不再与他们的政治共同体相关联，他们的全体归属感被转移到别的地方或者全然衰退了。对政治无能为力的经验也加深了碎片化。这两种发展相互强化。正在褪色的政治同一性使得有效的动员更加困难，而一种无助感又酿成疏离。这里有一个潜在的恶性循环，但我们可以看到它如何也能够成为一个良性循环。成功的共同行动能够带来一种赋权感，并且也能强化与政治共同体的关联。

这像是在说成功的方式在这里就是成功，这是对的，虽然或许没什么帮助。但我们可以多讲一点。无能为力感的重要来源之一，是我们被一个大型的、中央集权的、官僚的国家所统治。可以帮助我们减轻这种感觉的，像托克维尔看到的那样，是分权。所以，在一个联邦系统中,特别是在一个基于补充性原则（the principle of subsidiarity）的系统中，一般的权力下放或权力划分，是有利于民主赋权的。如果权力被移交到的那些单位已经在其成员生活中扮演共同体的角色，情况就更加如此。

在这个方面，加拿大已经是幸运的了。我们有了一个联邦系统，借助于我们的多样性，联邦系统没有按照美国模型向更大的中央集权演化，同时省级单位大致对应其成员认同的区域社会。我们似乎没能做到的，是创造一个能够将这些区域社会吸引在一起的共同理解，所以我们面临着另一种丧失力量的前景，这个前景并非我们在大政府似乎完全无反应时所体验到的前景，而是生活在巨大权力阴影下的小社会的命运。

这最终失败了，它没能理解和接受加拿大多样性的真正性质。加拿大人已经非常善于接受他们自己的差别形象，但这些形象悲剧性地没能与现实相符。当美国模式的一个重要特点以围绕权利宪章进行司法复议的形式开始在加拿大生根之时，这个失败刚好出现了，这或许不是一个巧合。事实上，可以论证，坚持统一地应用已经成为加拿大公民权的象征之一的宪章，是《米奇湖协议》（Meech Lake Accord）* 终止的一个重要原因，也是近在咫尺的国家分裂的原因。[4]

但是，我们要从中得出的一般观点是对现代性的不同关切相互交织。对技术有效地重新架构，要求逆转由市场和官僚国家引起的、走向更大的原子主义和工具主义的趋势的共同政治行动。这个共同行动要求我们克服碎片化和无能为力——那就是，要求我们对付由托克维尔最初定义的那个忧虑，即在民主体制中滑向监护权力。同时，原子主义和工具主义立场是本真性的更低级更浅薄模式的主要产生因素，所以一个充满活力的、参与重新架构计划中的民主生活，在这里也会起到一个积极的作用。

我们的处境似乎要求一个复杂的、多层次的斗争，

* 原文为Meech Lake agreement，应为原文有误。

它是知识的、精神的和政治的，在这场斗争中，公共领域里的争辩与大量机构（像医院和学校）中的那些争辩，是相互联系的。而在后者，架构技术的议题是以具体的形式进行的；在这里，这些争论反过来既推进了种种尝试又被这些尝试推进；这些尝试是从理论上定义技术的地位和本真性的要求，除此之外，还有人类生活的样子及其与宇宙的关系。

但是，要有效地投身于这场多方面的争辩，人们既要看到现代性文化中的伟大之处，也要看到浅薄的和危险的东西。像帕斯卡（Pascal）关于人类所说的那样，现代性可以用高贵也可以用可悲来刻画。只有一种怀抱两者的观点才能给予我们未加歪曲的洞察力，去透视我们需要奋起应付其最大挑战的时代。

注 释

中文版导言

［1］ Charles Taylor, *Modern Social Imaginaries* (Duke University Press, 2004), p. 64.

［2］ Ibid., pp. 9–10.

［3］ Ibid., p. 10. 在此，泰勒引述了希腊哲人阿那克西曼德（Anaximander）的观点，他“把对自然过程的所有偏离都和不义联系起来；他说反抗自然过程的事物最终都必须‘根据时间的评判而为它们的不义遭受惩罚和付出代价’”。

［4］ 除了本书之外，还包括：Charles Taylor, *Sources of the Self: The Making of Modern Identity* (Harvard University Press, 1989); *Modern Social Imaginaries* (Duke University Press, 2004); *A Secular Age* (Harvard University Press, 2007).。

［5］ Taylor, *Modern Social Imaginaries*, pp. 19–22.

［6］ 本书，第一章。

［7］ 本书，第一章。

［8］ 本书，第九章。

［9］ 本书，第三章。

［10］ 本书，第九章。

［11］ 本书，第四章；以及《自我的根源：现代认同的形成》（南京：译林出版社，2001），韩震等译，第一章。

［12］ 本书，第二章。

［13］ 本书，第八章。

［14］ 对如何批判地继承启蒙传统从而维护个人自主性理想的探索，参见刘擎，《重申个人自主性：概念修正与规范建构》（载于《学术月刊》2010 年第 9 期）。

第一章 三个隐忧

［1］ 阿列克西·德·托克维尔，《论美国的民主》（*De la Démocratie en Amérique*）第二卷（巴黎：Garnier-Flammarion，1981），第 385 页。

［2］ “可怜的舒适感”：《查拉图斯特拉如是说》（*Also Sprach Zarathustra*），查拉图斯特拉的前言，第三节。

［3］ 托克维尔，《论美国的民主》，第 127 页。

［4］ 关于这些计算的荒谬性，见 R. 贝拉等，《美好社会》（*The Good Society*）（伯克利：加州大学出版社，1991），第 114—119 页。

［5］ 贝拉等，《美好社会》，第 4 章。

［6］ 特别参见帕特里莎·本纳和朱蒂斯·鲁贝尔（Judith Wrubel），《护理之重要性：健康和疾病中的重点和处理》（*The Primacy of Caring: Stress and Coping in Health and Illness*, Menlo Park, CA. Addison Wesley, 1989）。

［7］ 阿尔伯特·波格曼，《技术与当代生活品质》（*Technology and the Character of Contemorary Life*）（芝加哥：芝加哥大学出版社，1984），第 41—42 页。当波格曼论证技术最初的解放承诺

可以退化到“轻薄舒适的获取”（第 39 页）时，他甚至好像在附和尼采的“最后的人”的景象。

［8］ 汉娜·阿伦特,《人类境况》（*The Human Condition*）（花园城，新泽西：Doubleday, Anchor 版，1959），第 83 页。

［9］ 托克维尔,《论美国的民主》，第 385 页。

［10］ 参见例R. 贝拉等,《心之习性》（*Habits of the Heart*）（伯克利：加州大学出版社，1985）。

第二章 口齿不清的争论

［1］ 这个形象出现在布鲁姆的《美国精神的终结》（纽约：Simon and Schuster, 1987）中：“失去书本使得他们更加狭隘和平庸。更狭隘，是因为他们缺乏最必要的东西，即对现状不满的真实基础，对存在着现状的替代者的意识。他们既对现实感到满意，又对逃离现实感到绝望。……更平庸，是因为没有对事物的解释，没有诗意或想象行为。他们的心灵就像镜子，不是自然的镜子，而是周围事物的镜子。”（第 61 页）

［2］ 布鲁姆,《美国精神的终结》，第 84 页。

［3］ 见约翰·罗尔斯（John Rawls）,《正义论》（*A Theory of Justice*）（剑桥：哈佛大学出版社，1971），和《重叠共识》，载于《哲学与公共事务》（*Philosophy and Public Affairs*）第 17 卷（1988）；罗纳德·德沃金,《慎重对待权利》（*Taking Rights Seriously*）（伦敦：Duckworth, 1977）和《原则问题》（*A Matter of Principle*）（剑桥：哈佛大学出版社，1985）；也见威尔·金里卡，《自由主义、共同体和文化》（*Liberalism, Community and Culture*）（牛津：Clarendon 出版社，1989）。

［4］ 关于这一点，我在《自我之源》（*Sources of the Self*）（剑桥：哈佛大学出版社，1989）第三章中已经作了长篇论述。

[5] 特别参见阿拉斯代·麦金太尔(Alasdair MacIntyre),《美德之后》(*After Virtue*)(圣母城:圣母大学出版社,1981)和《谁之正义?何种合理性》(*Whose Justice? Which Rationality?*)(圣母城:圣母大学出版社,1988)。

[6] 当然,对某种庸俗马克思主义而言,否定的回答是十分明显的。思想是经济变化的产物。但是,许多非马克思主义的社会科学隐含地使用类似的前提。尽管有某些社会科学的伟大奠基者的指引,例如认识到道德思想和宗教思想在历史中的关键性作用的韦伯,事情却依旧如此。

[7] 个人主义事实上在两个不同的意义上使用。在一个意义上,它是一种道德理想,是我一直在讨论的道德理想的一个方面。在另一个意义上,它是一种非道德现象,某个类似于我们用利己主义所指的东西。传统视野的失落只留下尾随其后的无目的性,并且每个人只为自己谋生——例如,在第三世界(或在19世纪的曼彻斯特)新城市化了的农民形成的某些道德混乱的、犯罪率高的贫民窟里——的地方,这个意义上的个人主义的兴起常常是一种崩溃现象。当然,混淆这两种有完全不同的原因和后果的个人主义,是灾难性的。这就是为什么托克维尔仔细地将"个人主义"与"利己主义"分开。

[8] 见大卫·哈维(David Harvey),《后现代性境况》(*The Condition of Post-modernity*)(牛津:Blackwell, 1989)。

[9] 布鲁姆,《美国精神的终结》,第25页。

第三章 本真性之源

[1] 我在《自我之源》第15章中已经详细讨论了这个学说的发展及其与洛克理论的对立关系,弗兰西斯·哈起逊(Francis Hucheson)利用沙夫茨伯里伯爵的著作,在自己的作品中首次提

出发展了这个学说。

[2] “心中既无匮乏之感也无享受之感，既不觉苦也不觉乐，既无所求也无所惧，而只感到自己的存在，同时单凭感觉就足以充实我们的心灵：只要这种境界持续下去，处于这种境界中的人就可以自称为幸福，而这不是一种人们从生活乐趣中取得的不完全的、可怜的、相对的幸福，而是一种在心灵中不会留下空虚之感的充分的、完全的、圆满的幸福。”卢梭，《漫步遐想录》(*Les Rêveries du Promeneur Solitaire*)之“漫步之五”，载于《卢梭全集》第一卷(巴黎：Gallimard，1959，第1047页。(编者注：这段译文转抄自《漫步遐想录》，徐继曾译，人民文学出版社，1986年版，第68页。谨此致谢。)

[3] 赫尔德，“每个人都有自己的尺度，仿佛能把自己的各种感受协调起来的尺度”。《历史哲学的观念》(*Herders Sämtliche Werke*)，载于15卷《赫尔德全集》中的第13卷，第291页，伯纳德·苏芬(Bernard Suphan)编(柏林：Weidmann，1877—1913)。

第四章 不可逃避的视野

[1] 我在《解释与实践理性》中详细发展了这种道德推理观，该文收在世界发展经济研究所的《更广泛的工作论文WP72》(*Wide Working Paper WP72,*)(赫尔辛基，1989)中。

[2] 乔治·赫伯特·米德，《心灵、自我与社会》(*Mind,Self and Society*)(芝加哥：芝加哥大学出版社，1934)。

[3] M.M.巴赫金(Bakhtin)和使用了其作品的那些人已经探讨了这种内部的对话性。见巴赫金的著作，特别是《陀思妥耶夫斯基诗学问题》(*Problems of Dostoyevsky's Poetics*)(明尼苏达：明尼苏达大学出版社，1984)；也见迈克尔·霍尔奎斯特(Michael Holquist)和凯特琳娜·克拉克(Katerina Clark)，《米哈伊尔·巴

赫金》(*Bakhtin*)(剑桥:哈佛大学出版社,1984),和詹姆斯·沃希(James Wertsch)《心之声》(*Voices of the Mind*)(剑桥:哈佛大学出版社,1991)。

[4] 关于这个在我们现存对话者之外的“超级讲话者”的概念,见巴赫金,《语言学、语文学和人文科学中的文本问题》,载于卡里尔·爱默生(Caryl Emerson)和迈克尔·霍尔奎斯特编辑的《言语类别及其他后期论文》(*Speech Genres and Other Late Essays*)(奥斯丁:得克萨斯大学出版社,1986),第126页。

[5] “如果一个人具有任何可容忍的数量的常识和经验,他自己的展示其存在的模式就是最好的,这不是因为它本身就是最好的,而是因为它是他自己的模式。”约翰·斯图亚特·密尔,《三篇论文》(*Three Essays*)(牛津:牛津大学出版社,1975),第83页。

第五章 对承认的需求

[1] R. 贝拉等在《心之习性》中有力地提出了这个观点。

[2] 盖尔·西黑(Gail Sheehy),《漂流者:成人生活的可预见危机》(*Passages:Predictable Crises of Adult Life*)(纽约:班坦书局,1976),第364、513页。

[3] R. 贝拉等。请注意在《心之习性》第25—26页关于这种个人主义与程序正义之间的联系。

[4] 我在《自我之源》中,特别是在第13章中,大幅讨论了当代文化的这个整体转向。

[5] 孟德斯鸠,《荣誉的本性在于要求特权与优越》。《论法的精神》(*Del'Esprit des Lois*),第3卷,第7章。

[6] 彼得·伯格(Peter Berger)在其《论荣誉概念的废弃》中有趣地讨论了从“荣誉”到“尊严”的转变的意义,该文收在

斯坦利·豪尔沃斯（Stanley Hauerwas）和阿拉斯代·麦金太尔编的《修正：改变道德哲学中的观点》（*Revisions:Changing Perspectives in Moral Philosophy*）（圣母城：圣母大学出版社，1983）中，第172—181页。

［7］ 卢梭描述的是最初的聚会。“每个人都开始注意别人，也愿意别人注意自己。于是公众的重视具有了一种价值。最善于歌舞的人、最美的人、最有力的人、最灵巧的人和最有口才的人，变成了最受尊重的人。这就是走向不平等的第一步；同时也是走向邪恶的第一步。”《论人类不平等的起源和基础》（*Discours sur l'Origine et les Fondements de l'Inegalité parmi les Hommes*）（巴黎：Granier-Flammarion，1971），第210页。（编者注：这段译文转抄自《论人类不平等的起源和基础》，李常山译，商务印书馆，1982年版，第118页。谨此致谢。）

［8］ 例如，参见《波兰政府》一文中的一段，在那里卢梭描述了古代的全体人民都参与的公共节日，见《社会契约论》（*Du Contrat Social*）（巴黎：Garnier，1962），第345页；也参见《致达朗贝尔论戏剧书》（*Lettre a D'Alembert sur les Spectacle*，第224—225页）中的对应段落。关键的原则是，表演者与观众之间不应有任何分工，所有人应被所有人观看。“这些表演的目的是什么呢？人们在其中要表现的是什么呢？如果我们要说的话，什么也没有。……将观众投入到表演中，使他们自己也成为演员，结果是，每个人都在其他人眼中得到尊重和爱戴，从而所有人都能够更好地团结在一起。”

［9］ 见《精神现象学》（*The Phenomenology of Spirit*）第4章。

第六章 滑向主观主义

［1］ 德里达的反人文主义与一种激进的不受限制的自由感之间的联系，出现在这里提到的一些段落中。在这里，他把他的思维模式描述成这样的："肯定自由游戏并且试图越过人和人文主义，人这个名字就是那个存在的名字，他贯穿形而上学史或本体神学史——换句话讲，通过他的全部历史的历史——一直梦想得到全部在场，梦想得到牢靠的基础，梦想得到游戏的起源和目的。"德里达，《人文科学话语中的结构、符号和游戏》，载于理查德·麦可斯（Richard Macksey）和尤金纽·多纳图（Eugenio Donato）编辑的《结构主义争论》(*The Structuralist Controversy*)（巴尔的摩：约翰·霍普金斯大学出版社，1972），第264—265页。

［2］ 米歇尔·福柯的访谈，载于H. 德雷弗斯（H. Dreyfus）和P. 拉比诺（P. Rabinow）编辑的《米歇尔·福柯：超越结构主义与解释学》(*Michel Foucault:Beyond Structuralism and Hermeneutics*)（芝加哥：芝加哥大学出版社，1983），第245、251页。

［3］ 我在《黑格尔》(*Hegel*)（剑桥：剑桥大学出版社，1975）第一章，以及《自我之源》第21章中更仔细地讨论过表现主义。

［4］ 弗里德里希·席勒，《论人的美育》(*On the Aesthetic Education of Man*)，伊丽莎白·威尔金森（Elizabeth Wilkinson）和L. A. 维尔劳比（L. A.Willoughby）译，双语本（牛津：Clarendon出版社，1967）。

［5］ 我在《黑格尔》（剑桥：剑桥大学出版社，1975）中仔细地讨论过这两个思想的关系。

［6］ 见文森特·德贡布（Vincent Descombes）评论大卫·霍伊编辑的《福柯：批判性读本》（*Foucault:A Critical Reader*, Oxford Blackwell, 1986）的有趣文章，发表在1987年3月5日《伦敦书评》（*The London Review of Books*）第3页，在那里他讨

论了在美国和在法国对福柯的十分不同的看法；也参见尤根·哈贝马斯（Jürgen Habermas），《现代性的哲学话语》（*Der Philosophische Diskurs der Moderne*, Frankfurt Suhrkamp, 1985）。

第七章 继续战斗

[1] 我在《自我之源》（*Sources of the Self*）中已经就这一点，以及现代认同的另外一些脉络进行了更为充分的阐述。

[2] 两本书的风行（在两个情形下都有点出乎它们的作者的意料）证实了这一点。一本是布鲁姆的《美国精神的终结》，我已经在讨论这本书。另一本是保罗·肯尼迪（Paul Kennedy）的《大国的兴衰》（*The Rise and Fall of the Great Powers*）（纽约：兰登书屋，1987），它正好是关于准帝国地位的丧失。我也应该提到一部加拿大电影《美帝国的衰落》（*Le déclin de l'empire Américain*），它也发挥了这种文化悲观主义，它竟然在边界南面十分叫座，对于一部魁北克电影来说，这是不典型的。

第八章 更微妙的语言

[1] 艾尔·瓦瑟曼，《更微妙的语言》（*The Subtler Language*）（巴尔的摩：约翰·霍普金斯大学出版社，1968），第10—11页。

[2] 这样，华兹华斯告诉我们他如何在黑夜被到来的风暴笼罩时，站立在岩石下，聆听着曲调，那是古老大地的幽语或在远风中隐去。（《序曲》，第307—311行）

[3] 查尔斯·罗森（Charles Rosen）和亨利·泽勒（Henri Zerner），《浪漫主义与现实主义》（*Romanticism and Realism*）（纽约：诺顿出版社，1984），第58页。其第二章包含着对浪漫主义

的自然象征体系抱负的出色讨论。

[4] 查尔斯·罗森和亨利·泽勒,《浪漫主义与现实主义》(纽约 : 诺顿出版社, 1984), 第 68 页。

[5] 同上, 第 67 页。罗森和泽勒将它与康斯特布尔(Constable)的一句话联系起来 :"对我而言, 绘画是唯一的另一种感觉语言。"

[6] 波格曼,《技术与当代生活品质》(*Technology and the Character of Contemporary Life*), 第 11 章。

[7] 见卢梭,《漫步遐想录》第五部分,《卢梭全集》(巴黎: Gallimard), 第 1045 页。

第九章 一个铁笼?

[1] 我在《黑格尔》中更详细地进行了对这些分化的说明。

[2] 弗兰西斯 · 培根,《新工具》(*Novum Organum*), I.73, 译文来自《弗兰西斯 · 培根著作选》(*Francis Bacon:A Selection of His Works*), 悉尼 · 沃哈夫特 (Sydney Warhaft) 编 (多伦多 : 麦克米兰, 1965), 第 350—351 页。

[3] 我大量利用了本纳和鲁贝尔在《护理之重要性》中的讨论, 它表明哲学可以为这种我正在讨论的工具理性的新架构, 做出多少贡献。

[4] 我在此按照架构的替代模式所提出的议题, 有时候是按照控制陈述的 : 我们的技术是完全不受我们的控制, 还是受我们的控制, 使其服务于我们的目标? 不过这种表述的问题是十分明显的。它完全保留在统治的框架中, 并且不允许技术在我们生活中的十分不同的定位。登上技术之巅意味着对其采取一种工具态度,好像我们通过它来做每件别的事情。例如在一种护理伦理中, 或者在纯粹思维能力的培养中, 就像我们看到的那样, 它并不让

我们将技术定位在一种非工具的立场中。关于这个议题，见威廉·哈金森（William Hutchinson）的《技术、共同体和自我》（麦吉尔大学博士论文，1992）中的讨论。

在这个关于约束的讨论中，我显然借用了大量的海德格（Heidegger）；特别参见《技术问题》，收在《技术问题及其他论文》（*The Question Concerning Technology and Other Essays*）中，威廉·拉维特（William Lovitt）翻译（纽约：Garland 出版社，1977）。我认为海德格在这篇论文及其他著作中提出的观点，是某个类似于我们称之为替代性的架构的东西。关于这个思想的更细致的有趣的发展（这也要感谢海德格尔），见波格曼，《技术与当代生活品质》。

第十章 反对碎片化

［1］“这个领域内的自由只能是：社会化的人，联合起来的生产者，将合理地调节他们和自然之间的物质变换，把它置于他们的共同控制之下，而不让它作为一种盲目的力量来统治自己。”（译者注：引文取自《马克思恩格斯文集》第 7 卷，人民出版社 2009 年版，第 928 页。）

［2］玛丽·安·克伦东，《西方法律中的堕胎和离婚》（*Abortion and Divorce in Western Law*）（剑桥：哈佛大学出版社，1987）中已经表明，与可比较的西方社会中的决策相比，这一点对于美国人在这个议题上的决策，是有作用的。

［3］我在《交叉目标：自由主义–共同体主义之争》中提出了民主稳定性问题，该文收在南希·罗森布拉姆（Nancy Rosenblum）编辑的《自由主义与道德生活》（*Liberalism and the Moral Life*)（剑桥：哈佛大学出版社，1989）中。在迈克尔·桑代尔的《程序共和与无碍的自我》[《政治理论》（*Political Theory*）

1984 年 2 月号］中有对美国政治滑向这个不匀称的整体的出色讨论。我在《可选择的未来》一文中从这个方面比较了美国和加拿大的体制，该文收在艾伦·凯恩斯（Alan Cairns）和辛西娅·威廉斯（Cynthia Williams）编辑的《加拿大的宪制主义、公民权和社会》（*Constitutionalism,Citizenship and Society in Canada*）（多伦多：多伦多大学出版社，1985）中。在贝拉等著的《心之习性》和《美好社会》中，有对这种美国文化的很好的批判。

［4］ 我在《共享的和分离的价值》中更详细地讨论了这一点，该文收在罗纳德·瓦茨（Ronald Watts）和道格拉斯·布朗（Douglas Brown）等编辑的《新加拿大的选择》（*Options for a New Canada*）（金斯敦：女王大学出版社，1991）中。

译名对照表

（按第一个字笔画排列）

两画

人类中心论	Anthropocentrism

三画

上帝	God
个人，个体	Individual
个人主义	Individualism
土著社会	Aboriginal societies
女权主义	Feminism
工业社会	Industrial society
工业革命	Industrial Revolution
工具主义	Instrumentalism
工具理性	Instrumental reason
马克思，卡尔	Marx, Karl
马克思主义	Marxism

四画

中立自由主义	Neutral liberalism
仁慈	Benevolence
公民权	Citizenship
巴塔耶，乔治	Bataille, Georges
文化悲观主义	Cultural pessimism
日常生活	Ordinary life
水门	Watergate
父权制，父权制社会	Patriarchy
瓦瑟曼，艾尔	Wasserman, Earl
艺术	Art
艺术家	Artist
贝尔，丹尼尔	Bell, Daniel
贝拉，R.	Bellah, R.
韦伯，马克斯	Weber, Max

五画

世界，祛魅	World, disenchantment
主观化	Subjectivation
主观主义	Subjectivism
卢梭，让-雅克	Rousseau, Jean-Jacques
司法复议	Judicial review
圣奥古斯丁	Saint Augustine
对话	Dialogue
尼采，弗里德里希	Nietzsche, Friedrich

市场机制	Market mechanism
布鲁姆，阿兰	Bloom, Allan
布朗诉教育委员会案	Brown vs. Board of Education
平等	Equality
弗里德里希，卡斯帕·大卫	Friedrich, Caspar David
未来主义	Futurism
本纳，帕特里莎	Benner, Patricia
正义，程序的	Justice, procedual
民主	Democracy
生产方式	Modes of production
艾略特，T.S.	Eliot, T.S.

六画

乔伊斯，詹姆斯	Joyce, James
亚里士多德	Aristotle
伟大的存在之链	Great Chain of Being
共产主义	Communism
共同体	Community
关系，工具的	Relationships, instrumental
关系，亲密的	Relationships, intimate
列宁，V.I.	Lenin, V.I.
创世	Creation
动物生命	Animal life
华兹华斯，威廉	Wordsworth, William
同一性	Identity
同性恋	Homosexuality
后现代主义	Postmodernism

团结	Solidarity
多文化主义	Multiculturalism
多样性	Diversity
异性恋	Heterosexuality
托克维尔，阿列克西·德	Tocqueville, Alexis de
权力	Power
权利，普遍的	Rights, universal
米奇湖协议	Meech Lake Accord
米德，乔治·赫伯特	Mead, George Herbert
红色旅	Red Brigade
自主性	Autonomy
自由	Freedom
自由主义	Liberalism
自由市场	Free market
自决自由	Self-determining freedom
自我发现	Self-discovery
自我发展	Self-development
自我定义	Self-definition
自我满足	Self-fulfilment
自我放纵	Self-indulgence
自我选择	Self-choice
自指示性	Self-referentiality
自恋主义	Narcissism
自恋主义文化	Culture of narcissism
自然，自然界	Nature
自然科学	Natural science
色情	Pornography

七画

冷战	Cold War
利己主义	Egoism
利泼维茨基，吉尔斯	Lipovetsky, Gilles
医学	Medicine
技术	Technology
技术社会	Technological society
投票者参与	Voter participation
沙夫茨伯里，伯爵	Shaftesbury, Earl of
社会	Society
社会组织	Social organization
社会变化	Social change
社会契约	Social contract
社会原子主义	Social atomism
社会流动性	Social mobility
社会等级	Social hierarchies
里尔克，雷纳·马里亚	Rilke, Rainer Maria
阿伦特，汉娜	Arendt, Hanna
阿尔托，安托南	Artaud, Antonin
应和学说	Correspondences, doctrine of
克尔凯郭尔，索伦	Kierkegaard, Soren

八画

享乐主义	Hedonism
孟德斯鸠	Montesquieu, Baron
官僚社会	Bureaucratic society

审美的	Aesthetic
帕斯卡，布来瑟	Pascal, Blaise
庞德，爱兹拉	Pound, Ezra
抵抗政治	Politics of resistance
拉西，克里斯托弗	Lasch, Christopher
法西斯主义	Fascism
波德莱尔，夏尔	Baudelaire, Charles
环境	Environment
现代性	Modernity
经济增长	Economic growth
罗伊诉韦德案	Roe vs. Wade
表现主义	Expressivism
诗学	Poetry
责任	Responsibility
承认	Recognition
波格曼，阿尔伯特	Borgman, Albert

九画

哈奇逊，弗兰西斯	Hutcheson, Francis
差异	Difference
政治参与	Political participation
残酷戏剧	Theatre of Cruelty
洛克，约翰	Locke, John
科学	Science
绘画	Painting
美	Beauty
美国	United States

荒野	Wilderness
荣誉	Honor
语言	Language
选择	Choice
重要性	Significance
重要性视野	Horizon of significance
重要的他人	Significant others
柔性专制主义	Soft despotism
柔性相对主义	Soft relativism

十画

原子主义	Atomism
家庭	Family
席勒，弗里德里希	Schiller, Friedrich
浪漫主义	Romanticism
爱	Love
特里林，利昂内尔	Trilling, Lionel
真实性	Authenticity
真实性文化	Culture of Authenticity
臭氧层	Ozone layer
莎士比亚，威廉	Shakespeare, William
莱克，查尔斯	Reich, Charles
资本主义	Capitalism
铁笼	Iron cage
高文化	High culture

十一画

十二画

十三画

福柯，米歇尔	Foucault, Michel
蒲柏，亚历山大	Pope, Alexander
解构	Deconstruction
鼓吹政治	Advocacy politics
碎片化	Fragmentation

十四画

赫尔德，约翰	Herder, Johann
赫尔德林，弗里德里希	Hölderlin, Friedrich

十五画

德沃金，罗纳德	Dworkin, Ronald
德里达，雅克	Derrida, Jacques
暴力崇拜	Cult of violence